Christoph Türcke

Luther – Steckbrief eines Überzeugungstäters

Christoph Türcke

Luther – Steckbrief eines Überzeugungstäters

zuKlampen!

Dieser Text ist ein Essay; deshalb seine essayistische Zitierweise. Sie ist durchaus auf genaue Nachweise bedacht, aber weder auf einheitliche Gesamtausgaben, die der Leser ohnehin selten zur Hand hat, noch auf die originale Schreibweise der Reformationszeit.

www.zuklampen.de

Umschlaggestaltung: Hildendesign · München · www.hildendesign.de
Umschlagmotiv: © HildenDesign unter Verwendung mehrerer Motive von shutterstock.com, u. a. Martin Luther (1483–1546). Engraved by C. E. Wagstaff and published in The Gallery Of Portraits With Memoirs encyclopedia, United Kingdom, 1833
Satz: Germano Wallmann · Gronau · www.geisterwort.de
Druck: CPI – Clausen & Bosse · Leck

ISBN 978-3-86674-543-8

Bibliografische Information der Deutschen Nationalbibliothek
Die Deutsche Nationalbibliothek verzeichnet diese Publikation in der Deutschen Nationalbibliografie; detaillierte bibliografische Daten sind im Internet über <http://dnb.dnb.de> abrufbar.

Inhalt

Vorwort

Das Mittelalter: das war jene lange Zeit vom achten bis zum fünfzehnten Jahrhundert, in der sich das Christentum in skandalöser Weise von seinem Ursprung entfernt hatte. Die biblischen Schriften waren von kirchlichen Verordnungen und Heiligenlegenden überwuchert worden; der Glaube an die rettende Heilstat Christi vom Glauben an die wundertätigen Wirkungen der Heiligen und ihrer sterblichen Überreste sowie an die Gottgefälligkeit großer Kirchenbauten, die sich stets über Heiligenreliquien wölbten. Je mehr Prachtkirchen emporwuchsen, desto mehr mutierten ihre Bauherren, die Kirchenfürsten, zu weltlichen Herrschern – und die niederen Kleriker zu Gesinnungswächtern. Sie zitierten die Christen einzeln in den Beichtstuhl, nötigten sie, alle Seelenfalten offenzulegen, alle Verfehlungen in Gedanke, Wort und Tat zu gestehen, und verhängten nach einem detailliert gestaffelten Strafregister empfindliche Bußstrafen der Selbstdemütigung, der Entbehrung, der Wallfahrt – oder entsprechende Geldzahlungen. Die Konvertierbarkeit von Bußstrafen in Sachleistungen war zu einer erheblichen kirchlichen Einnahmequelle geworden. Der Ablaßhandel blühte. Und dann kam eines Tages derjenige, der dieses Gespinst aus Aberglaube, Magie und Geschäftstüchtigkeit mit einem einfachen Satz zerriß. »Als unser Gott und Herr Jesus Christus sagte: Tut Buße usw., da wollte er, daß das ganze Leben der Gläubigen eine Buße sei«.[1] So lautet die erste der 95 Thesen, die Martin Luther am 31. Oktober 1517, am Tag vor Allerheiligen, an die Tür der Schloßkirche zu Wittenberg schlug. Mit diesen Hammerschlägen begann eine neue Epoche. Der Schacher ums Seelenheil verlor seinen Kredit. In Glaubensdingen sollte

1 Martin Luther, *Die 95 Thesen*, in: derselbe, Ausgewählte Schriften, Askanischer Verlag, Berlin 1916, S. 5

niemand mehr einem Klerus verantwortlich sein, jeder nur noch dem eigenen Gewissen. Das war der Durchbruch zur Gewissens-, Denk- und Redefreiheit. Sie darf als das Wahrzeichen der europäischen Neuzeit gelten und ist als ihr höchstes Gut zu bewahren und verteidigen.

So weit die Grundzüge der Reformationslegende. Erstaunlich, wie wenig die zahllosen wissenschaftlichen Untersuchungen, die die Reformation inzwischen durchleuchtet haben, diese Legende zu entkräften vermochten. Es ist damit ähnlich wie mit Jesu Geburt. Daß sie nicht in Bethlehem stattfand, ist allen ernst zu nehmenden Historikern klar. Aber alle Weihnachten wieder reden Politiker und Nachrichtensprecher weltweit von den Feierlichkeiten in der Bethlehemer »Geburtskirche«. Kaum minder aufklärungsresistent ist die Reformationslegende. Das Geringste sind noch die symbolträchtigen Hammerschläge. Daß Luther seine Thesen an der Tür der Wittenberger Schloßkirche »angeschlagen« habe, hat Philipp Melanchthon, der 1517 noch gar nicht in Wittenberg war, erst nach Luthers Tod behauptet. Wenig spricht dafür. Leim läßt Papier an Kirchentüren entschieden besser haften als Nägel. Gut möglich, daß Luther seine Thesen an die Kirchentüren Wittenbergs *kleben* ließ; wir wissen es nicht. Viel wichtiger und unbestritten ist, daß sie gedruckt und gezielt an Multiplikatoren versandt wurden. Nur so erregten sie in kürzester Zeit landesweit jenes überwältigende Aufsehen, das ihren Autor mit fortriß und an eine höhere Fügung glauben ließ. Aber nach wie vor bekommen die Touristen in Wittenberg die Schloßkirchentür als Ort des »Anschlags« vorgeführt, der die Welt bewegte.

Und wie im Kleinen, so im Großen. Daß das christliche Abendland lange vor Luther von tiefen Glaubwürdigkeits- und Glaubenskrisen geschüttelt wurde, ist allgemein bekannt. Und doch ist es immer wieder er, auf den sich der Lichtkegel der Aufmerksamkeit richtet, als sei es die Kraft seiner Glaubensinbrunst und Predigt gewesen, die das Mittelalter einstürzen ließ. Ist es Zufall, daß diese Legende just zu der Zeit, als der sogenannte

Realsozialismus zusammenbrach, im Ursprungsland der Reformation neuen Auftrieb bekam? Die DDR hatte Luther das Etikett »Fürstenknecht« aufgedrückt. Die deutsche Wiedervereinigung bescherte den Stätten seiner Geburt und seines Wirkens alsbald den Ehrentitel »Lutherstadt«. Dies Wort gehört seither zum Ortsnamen, es steht mit auf dem Orts- oder Bahnhofsschild. Zwar darf heute jeder auch die unschönen Seiten des Reformators hervorheben: seine persönlichen und theologischen Grobheiten gegenüber Freunden und Feinden, seine Aufforderung zu unbedingtem Gehorsam gegenüber der weltlichen Obrigkeit, zur Niederschlagung des Bauernaufstands, zur Vertreibung der Juden. Doch was macht das schon? Das Unschöne an Luther hat in der öffentlichen Wahrnehmung ein gleichsam katholisches Ansehen gewonnen. Es firmiert unter »läßlichen Sünden«, die zwar nicht zu verteidigen sind, aber die Person »menschlicher« erscheinen lassen: als Kind ihrer Zeit. Sie fungieren als der Schatten, von dem sich Luthers theologische Kernbotschaft um so leuchtender abhebt. Letztere wird inzwischen selbst vom Katholizismus als epochaler Durchbruch bewertet. Die *Gemeinsame Erklärung zur Rechtfertigungslehre*, die katholische Kirche und lutherischer Weltbund 1999 verabschiedeten, bekennt im Artikel 3.17: »Gemeinsam sind wir der Überzeugung, daß die Botschaft von der Rechtfertigung uns in besonderer Weise auf die Mitte des neutestamentlichen Zeugnisses von Gottes Heilshandeln in Christus verweist: Sie sagt uns, daß wir Sünder unser neues Leben allein der vergebenden und neuschaffenden Barmherzigkeit Gottes verdanken, die wir uns nur schenken lassen und im Glauben empfangen, aber nie – in welcher Form auch immer verdienen können.«

Lutherischer geht es kaum. Die Krönung ist das Lutherjahr. Die runden Geburtstage Luthers und seiner 95 Thesen feierte man zwar auch früher schon. Nun aber steht ein ganzes Jubiläumsjahr auf dem Programm. Wer erinnert sich noch, daß das ein genuin katholischer Brauch ist? Papst Bonifaz VIII. führte ihn im Jahr 1300 ein. In jedem ersten Jahr eines neuen Jahrhunderts sollte jedem Pilger in die heilige Stadt ein großzügiger Ablaß zuteil werden. Ein Pilgerfest neuen Ausmaßes entstand. Der Kurie tat sich eine weitere Einnahmequelle auf. Mehr als sechs Jahrhunderte hielt sich das Jubiläumsjahr. Nun, nachdem es die katholische Kirche im 20. Jahrhundert kleinlaut aufgegeben hat, fängt die lutherische im 21. damit an. Ein ganzes Jahr für Luthers Großtat. Zwar verschafft die Teilnahme an diesem Jubiläumsjahr keinem Lutheraner einen Ablaß, wohl aber dem Reformator selbst. Ein Jahr lang soll er als eine der großen Figuren der westlichen Kultur in allen Medien präsent sein.

Im Zeitalter der Mikroelektronik kann niemand wirkungsvoller gefeiert werden als durch eine solche Art von Präsenz. Sie gewinnt den Charakter einer neoprotestantischen Heiligsprechung – selbstverständlich einer informellen, sozusagen durch massenmediale Akklamation. Man braucht dazu nicht, wie das katholische Heiligsprechungsverfahren, eine Glaubensbehörde, die die Biographie des Kandidaten einer genauen Prüfung unterzieht, seine Verfehlungen als läßliche Sünden verbucht, seine Verdienste würdigt und seine wundertätige Wirkung hervorkehrt. Dies alles leistet das Jubiläumsjahr durch seine Eigendynamik als Event. Auch kritische Töne sind dabei willkommen. Sie fügen sich wie kontrapunktische Stimmen in einen großen Lobgesang ein. »Ist es dann nicht ein Affront gegen die ökumenischen Bemühungen, das Reformationsjubiläum und damit die Kirchenspaltung von 1517 so groß zu feiern?« fragte der *Spiegel* die »Botschafterin« für das Jubiläum, Margot Käßmann. Nein, war die Antwort. »Tschechien, wo Jan Hus 100 Jahre vor Luther gewirkt hat, und die Schweiz, wo Zwingli und Calvin ihre Wurzeln haben, beteiligen sich, ebenso wie die römischen Katholiken eingeladen sind, mitzuwirken.«[2] Damit letztere aber nicht am Katzentisch landen, haben sie vorgebeugt und eine Sondergala für sich ausgehandelt. Der Papst wird sich am Reformationstag

2 *Die Reformation. Aufstand gegen Kaiser und Papst, Spiegel Geschichte*, 6/2015, S. 57

2016 mit dem lutherischen Weltbund in dessen Gründungsstadt, dem schwedischen Lund, zum gemeinsamen Gebet treffen. Er umgeht damit ebenso eine gemeinsame Eucharistie wie eine Wallfahrt nach Wittenberg. Die Kirche bleibt im Dorf.

Gleichwohl ist ein ökumenisches *Crossover* in Gang gekommen. Während der Katholizismus sich zur Rechtfertigung allein aus Glauben bekennt, probt der Protestantismus die mikroelektronisch gestützte Heiligsprechung. Schwerlich aus gesteigerter Glaubensinbrunst, eher aus einer spezifischen Mangelerfahrung heraus. Wo gibt es in unserer demokratischen, pluralistischen, relativistischen Ära noch Menschen, die allein mit der Kraft ihrer Überzeugung die Mächtigen der Welt herausfordern und ihnen standhalten? Weltweit regt sich eine tiefe Sehnsucht nach Überzeugungstätern. Das sind Menschen, die so fest an etwas glauben, daß sie das Äußerste dafür wagen, sei es, daß sie, wie Luther, in Erwartung von Reichsacht und Kirchenbann dennoch ihre Lehre vor Kaiser und Reich verteidigen; sei es, daß sie, wie Edward Snowden, lieber lebenslange Verfolgung durch eine Supermacht in Kauf nehmen als deren Überwachungspraktiken geheim zu halten; sei es, daß sie, wie Mohammed Atta, sich einer Ingenieursausbildung in Feindesland unterziehen und eigens einen Pilotenschein machen, um ein Flugzeug ins symbolträchtigste Gebäude einer als korrupt und sinnentleert erachteten Kultur zu steuern. Bei ihren Feinden heißen solche Leute Verbrecher oder Terroristen. Ihre Freunde und Anhänger verehren sie als Glaubenszeugen. Das griechische Fachwort dafür ist Märtyrer.

In gewisser Weise ist das Lutherjahr auch ein modernes Märtyrerfest – ein Gegenprogramm gegen die diabolische Versuchung, die von islamistischen Djihadisten und Selbstmordattentätern auf die westliche Welt ausgeht. Deren Todeskommandos lösen ja im Westen nicht nur Furcht und Schrecken aus. Ungefestigten, desorientierten, suchenden Mitteleuropäern und Nordamerikanern signalisieren sie: Wir haben, was eure Lebensweise euch vorenthält. Unsere rückhaltlose Hingabe an eine höhere Macht gibt unserm Leben Sinn und Halt. Sie befreit uns von jener seichten, prinzipien- und ziellosen Existenz, an der ihr laboriert. Schließt euch uns an! Dagegen läßt sich Luther wunderbar als Bollwerk aufbauen: als knorriger Ahnherr der recht verstandenen westlichen Lebensweise, die keineswegs seicht ist, sondern überhaupt nur durch ein tiefes Glaubens- und Gewissenszeugnis eröffnet werden konnte. Luther firmiert hier als Märtyrer der ganz anderen Art. Er mußte sein Glaubenszeugnis nicht mit dem Leben bezahlen. Sein Martyrium wurde zu einer Erfolgsstory sondergleichen. Seine Schriften fanden reißenden Absatz. Sein Landesfürst stützte ihn. Andere folgten. Eine Allianz von Fürsten und Städten sagte sich von der Oberhoheit Roms los und regelte das Verhältnis von Staat und Kirche nach Luthers Vorgaben. Eine ungemein folgenreiche Neuordnung der politischen Landschaft begann, ohne daß Luther selbst je ein politisches Amt bekleidet hätte. Dies alles schwingt mit in der Formel vom »reformatorischen Durchbruch«. Sie suggeriert, daß der Durchbruch des Mönchs Martin zu seiner persönlichen Glaubensgewißheit zugleich der Durchbruch zu jener neuen Epoche war, die wir im Rückblick »Neuzeit« nennen und deren Lebensweise von Europa aus in allen Kontinenten einen überwältigenden Siegeszug angetreten hat. Wie wenig dieser Sieg zu ungetrübter Freude Anlaß gibt; wie sehr die Originalität von Luthers »Durchbruch« überschätzt wird, wie archaisch seine Modernität ist, wie gnadenlos der Unterbau seiner Gnadenlehre: davon geben die folgenden Seiten eine Skizze.

Die »Wegbereiter«

Mittelalter, Renaissance, Neuzeit: diese Begriffe sind erst im 19. Jahrhundert zu historischen Orientierungsmarken geworden. Luther und seinen Zeitgenossen waren sie unbekannt. Sie hätten nichts damit anfangen können. Sie fühlten sich einer großen christlichen Gesellschaft zugehörig, die sie als ebenso alternativlos erlebten wie im Zerfall begriffen. Von klein auf waren sie in christliche Riten und Vorstellungen eingeübt worden, die als Grundmuster ihrer gesamten Weltwahrnehmung fungierten. Um so bedrückender, daß ihre soziale Umgebung so schlecht in diese Muster paßte. Ständig gab es irgendwo Streit zwischen christlichen Fürsten, zwischen weltlicher und geistlicher Macht, zwischen verschiedenen Auffassungen der christlichen Lehre. Schließlich spaltete sich im Jahr 1378 sogar die oberste christliche Instanz. Päpste und Gegenpäpste bekämpften einander mit Worten und Waffen. Und doch blieb der Streit innerhalb des christlichen Paradigmas. Man wußte nichts Besseres als christliche Konzilien, um ihn zu schlichten. Einige davon endeten erfolglos. Erst dem Konzil, das 1414 nach Konstanz einberufen wurde, gelang es, drei amtierende Päpste durch einen neuen zu ersetzen. Die Wiedervereinigung der Kirche unter seiner Oberhoheit wurde feierlich besiegelt durch die bestialische Verbrennung des Führers einer kirchlichen Oppositionsbewegung, der ersten, die nationale Züge trug – böhmische.

Die Rede ist von Jan Hus. Er mißtraute dem neuen Papst nicht minder als seinen Vorgängern und wollte sich lediglich vom »Gesetz Christi« leiten lassen, das er allein in der Bibel niedergelegt wähnte. Dort stand nichts davon, daß die Hirten der christlichen Gemeinde in Saus und Braus leben, hohe Abgaben einziehen, Kreuzzüge anzetteln und prunkvolle Kirchen und Paläste errichten sollten, und auch nichts davon, den Gläubigen beim Abendmahl den Wein vorzuenthalten. Das Grundübel der Christenheit sah Hus in einer skandalösen Selbstüberhebung des Klerus, besonders der Kurie. 1412, als eine hanebüchene päpstliche Bulle, die zur Vernichtung des Königs von Neapel aufrief und ein paar junge Leute, die dagegen protestierten, auf dem Scheiterhaufen enden ließ, hatte er seiner Gemeinde auf tschechisch zugerufen: »Christus befahl Petrus, daß er einen sündhaften Menschen wie einen Heiden und Zöllner meide [...], aber er befahl ihm nicht, ihn zu foltern und zu morden. Unsere Päpste und Nachfolger Petri aber haben sich zu Henkern und Scharfrichtern ausgebildet und aufgeschwungen; einen treuen Christen heißen sie einen Ketzer und verbrennen ihn auf dem Scheiterhaufen. O Herr Jesu Christ, bleibe bei uns für Zeit und Ewigkeit!«[3]

Mit solchen Predigtworten brachte sich Hus in eine Lebensgefahr, die bis zu seinem eigenen Tod auf dem Scheiterhaufen nicht mehr aufhören sollte. Seine Worte waren kühn, aber seine Gedanken nicht neu. Seit im 11. Jahrhundert der große Kirchenbau begonnen hatte und der Klerus in der Erfindung von Abgaben und Ablässen, die ihn finanzieren sollten, höchst kreativ geworden war, hatte es immer wieder kleine Gruppen gegeben, die lieber so arm sein wollten, wie das Neue Testament Jesus und seine Jünger schilderte, als den Trend der Kirche zu Prunk und weltlicher Macht mitzumachen. Sobald sie allerdings »apostolische Armut« als die einzig angemessene christliche Lebensweise predigten (und nicht nur, wie Franziskaner und Dominikaner, als eine mönchische Option), wurden sie gnadenlos verfolgt. Schon Mitte des 12. Jahrhunderts wurden die Armutsbewegungen von Köln und Périgueux so gründlich aufgerieben, daß sich nicht einmal die Erinnerung an einen Namen aus ihren Reihen erhalten hat. Die Waldenser gehörten schon zur zweiten Generation der Verfolgten. Wer sich zu ihnen und später zu den Spiritualen (einer Abspaltung von den Franziskanern) hielt, die sich demonstrativ die Armut Jesu zum Vorbild nahmen, der wußte: Er riskierte sein Leben. Und als das Papsttum mit seiner Übersiedlung von Rom nach Avignon in seine korrupteste Phase trat und die Schmach, aus der heiligen Stadt in die französische Provinz versetzt worden zu sein, durch Prunk und ein erpresserisches Ämterversteigerungssystem kompensierte, nahm am nordwestlichen Ende des Abendlands, in Britannien, die Empörung darüber politische Formen an. Das »Gute Parlament« erklärte 1376 die päpstlichen Maßnahmen für widerchristlich. England war der Kurie nicht nur geographisch fern. Es war auch der Hauptfeind Frankreichs, der Schutzmacht des Avignon-Papsttums. In England

3 Gerhard Wehr, *Jan Hus. Ketzer und Reformator*, Gütersloher Verlagshaus, Gütersloh 1979, S. 36

atmete der Klerus einen weit schärferen Gegenwind weltlicher Mächte als auf dem Kontinent. Und pünktlich im Jahr 1378, als das »Schisma«, die Spaltung der Kirche unter mehrere Päpste, begann, gewann auch die Lehre des Engländers John Wyclif ihre signifikante Schärfe: die Konturen einer ersten protestantischen Theologie.

»Als Fundament des Glaubens nahm ich, daß Jesus Christus wahrer Gott und wahrer Mensch ist, und diesem Fundament fügte ich zweitens alle seine Taten und Worte, wie sie im Evangelium und anderswo aufgezeichnet sind, bei. Und drittens nahm ich hinzu, daß alle jene Berichte oder Taten der Unterweisung der irdischen Kirche dienen sollen.« Kaum in Jerusalem angekommen, ging Christus »sogleich zum Tempel und reinigte ihn zu allererst von den üppig wuchernden Mißständen, die infolge der Habsucht der Priester entstanden waren. Da also ›alle Taten Christi unsere Unterweisung sind‹, müssen wir desgleichen tun. In diesem Falle legte ich die Armut Christi zugrunde, wonach der Herr der Welt« »zum Vorbild für seine Kirche und insbesondere für die Oberen des Klerus eindeutig im höchsten Maße arm gewesen ist.«[4] »Und hieraus schließe ich, daß jeder Gläubige dem Papst oder einem Heiligen nur insoweit nachfolgen darf, als dieser seinerseits dem Herrn Jesus Christus Nachfolge geleistet hat.«[5] »So soll sich also sein Stellvertreter nicht schämen, in der Kirche zu dienen, da er der Diener Christi ist oder sein soll. Denn die Abweichung von der Redeweise der Heiligen Schrift und der Hochmut weltlicher Herrschaft samt seinem aufreizenden weltlichen Stil scheint mir die Blasphemie und die Überheblichkeit des Antichrists anzubahnen«.[6] »Die Jünger Christi haben keine Vollmacht, durch Kirchenstrafen auf dem Wege staatlicher

4 John Wyclif, *Predigt über 1. Joh. 5, 4–10,* in: Gustav Adolf Benrath (Hg.), *Wegbereiter der Reformation*, Carl Schünemann, Bremen 1967, S. 261

5 John Wyclif, *Sendschreiben an Papst Urban VI. (1378)*, l. c., S. 263

6 John Wyclif, *Schreiben an das englische Parlament (1378)*, l. c., S. 267. Weitere Seitenzahlen im Text.

Zwangsvollstreckung Steuern einzutreiben.« (271) Und wenn sie es dennoch tun? Dann muß die weltliche Macht einschreiten. Deshalb wendete sich Wyclif ans englische Parlament: »Wenn Gott ist, so können die weltlichen Herren mit Recht und Verdienst der Kirche, wenn sie sich vergangen hat, die irdischen Güter wegnehmen.« (267)

Darauf brach ein Sturm der Entrüstung im englischen Klerus los. Solche Töne hatte noch niemand gewagt. Nur weil Wyclif den Schutz eines mächtigen Herzogs genoß, konnte er sein *Schreiben an das englische Parlament* überleben und seine Lehre sogar noch zuspitzen. Da »das Wort ›Papst‹ ein Begriff ist, der sich innerhalb des Zeugnisses der Schrift nicht findet«, so wäre es »für die Kirche heilsam, wenn es keinen Papst oder Kardinäle gäbe, denn der Bischof der Seelen, der Herr Jesus Christus, samt seinen treuen Knechten, würde ohne einen solchen Papst und die übrigen Prälaten die Kirche auf Erden viel besser regieren.«[7] Priester sollten »weder ihre Gebete verkaufen noch weltliche Händler werden noch sich mit Wucher oder anderen verbotenen Geschäften abgeben. Mein Wunsch wäre es indessen, daß sie sich der Predigt oder einer Handarbeit wie dem Schreiben oder einer anderen körperlichen Arbeit widmen« (282), wie es Paulus tat, der sich als »Zeltmacher« (283) verdingte. Er war »einst ein Pharisäer, verließ diese Sekte in weiser Voraussicht aus freien Stücken um der Gefolgschaft Christi willen. Warum müssen die Priester nicht heute ebenso handeln? Daher müssen die Mönche, gleichgültig welcher Sekte oder Regel oder welchem Eid sie verbunden sind«, »aus freiem Entschluß diese Bindungen verlassen und aus freiem Entschluß in die Gefolgschaft Christi eintreten.« (285 f.)

Wie viel reformatorische Substanz steckt doch in diesen wenigen Worten! Da ist die Feststellung, daß das Papsttum nicht nur antichristlich mißbraucht wird, sondern als Institution überhaupt nicht biblisch fundiert ist; da ist die Kritik am Ablaßwesen; die Erklärung des Mönchtums als Fehlweg; die Rückbesinnung

7 John Wyclif, *Dialogus (1379)*, l. c., S. 281. Weitere Seitenzahlen im Text.

aufs Evangelium als einzige verbindliche christliche Richtschnur; der Notruf an die weltliche Macht (interessanterweise ans Parlament, nicht an den König) als die einzige Instanz, die noch übrig ist, um die geistliche Macht in die Schranken zu weisen und zum apostolischen Dienst zurückzuführen. Hinzu kommt, daß Wyclif die erste Übersetzung der lateinischen Bibel in eine europäische Volkssprache auf den Weg brachte. Das Neue Testament begann er allein ins Englische zu übertragen, das Alte nahm er sich gemeinsam mit einem Mitarbeiter vor. Die Übersetzung blieb unvollendet und gelangte nicht in Umlauf. Doch die Idee, daß das Volk unabhängig vom Klerus in seiner Sprache direkten Zugang zum Evangelium haben sollte, wurde populär – wie Wyclifs Lehre insgesamt. Besonderen Zuspruch fand sie beim niederen Klerus, den »Lollarden«, die ihrerseits den englischen Bauernaufstand von 1381 förderten. Der hohe Klerus machte Wyclif für diesen Aufstand verantwortlich, verhörte ihn und verbot ihm seine Lehrtätigkeit in Oxford. Aber er wagte ihn nicht zu exkommunizieren.

Das tat erst das Konzil zu Konstanz, gut dreißig Jahre nach Wyclifs Tod. Der Papst, der Hus verbrennen ließ, ließ auch Wyclifs Gebeine exhumieren, verbrennen und verstreuen. Aber zu Lebzeiten kam Wyclif unerhört glimpflich davon. Seine Gedanken gärten freilich auch nach seinem Tod weiter. Unerwarteten Auftrieb bekamen sie durch eine Königshochzeit. Karl IV., der Prag 1344 zur Kaiserresidenz und 1348 zur Universitätsstadt gemacht hatte und Böhmen als Zentrum seines Reichs, sozusagen als kontinentales Widerlager zur Kurie in Avignon auszubauen trachtete, verheiratete seine Tochter Anna mit dem englischen König Richard II. Diese Heirat sollte das antipäpstliche und antifranzösische Bündnis zweier Achsenmächte stärken. Sie setzte aber auch einen bemerkenswert regen Studentenaustausch zwischen Prag und Oxford in Gang. Es blieb nicht aus, daß einige Prager Scholaren bei ihrer Rückkehr aus Oxford Wyclifs Lehre mitbrachten. Sie fand in Prag einen überaus fruchtbaren Boden. Böhmen gewährte länger schon versprengten Waldensern und

Spiritualen Zuflucht, wie es auch Volkspredigern Raum gab, die zu Buße und Armut aufriefen. Einer von ihnen, Konrad Waldhauser, war sogar Beichtvater Karls IV. geworden. In dieser Umgebung war man für Wyclifs Gedanken ungemein empfänglich. Hus flog geradezu auf sie. »Mich ziehen seine Schriften an, durch die er alle Menschen zum Gesetz Christi zurückzuführen sucht, besonders die Geistlichen, daß sie die Pracht und Herrschaft der Welt fahren lassen und mit den Aposteln leben«. »Es zieht mich an die Liebe, die er zum Gesetz Christi hat, indem er dessen Wahrheit behauptet, daß es auch nicht in dem geringsten Punkt falsch sein könne.« Nur den Laienkelch[8] hatte Wyclif noch nicht ausdrücklich verlangt. In diesem Punkt ging Hus weiter als er. Alles andere, worauf Hus bis zum Feuertod beharrte, kommt bei Wyclif bereits vor.

Hus war ein bewundernswert standhafter, aber kein besonders origineller Geist. Und Luther? Offenbar längst nicht so originell, wie die Reformationslegende suggeriert. Gut ein Jahrhundert vor seinem »Durchbruch« finden sich die meisten seiner Einwände gegen die Papstkirche bei Wyclif und Hus bereits in gleicher Grundsätzlichkeit und ähnlicher Schärfe. Was kommt bei Luther noch hinzu? Das Priestertum aller Gläubigen? Nun, der Sache nach steckt das bereits im Laienkelch. Daß alle Gläubigen am ganzen Abendmahlssakrament teilhaben sollen, besagt doch nichts anderes, als daß vor Gott jeglicher Statusunterschied zwischen Laien und Priestern entfällt. Und war dieser Gedanke nicht auch schon bei Wyclif präsent, als er Päpste, Kardinäle und den gesamten Mönchsstand für überflüssig und ohne Basis in der Bibel erklärte? Luthers Position ragt wenig darüber hinaus. Zudem ist sie weit weniger radikal als das, was zwei Jahrhunderte zuvor bereits ein großer Mystiker formuliert hat: Meister

8 Seit das Dekret galt, daß die beim Abendmahl gesprochenen Wandlungsworte Brot und Wein nicht nur symbolisch, sondern tatsächlich in Leib und Blut Christi verwandeln, wurde der Kelch den Laien nicht mehr dargereicht. Der Priester trank den Wein allein. Kein Tropfen sollte verschüttet werden. Die Wiederbeteiligung der Laien am Wein stellte Priester und Laien sakramental gleich.

Eckehart. Theologische Mystik hat stets eine antiklerikale Spitze. Sie unterstellt, daß wahrhaft Gläubige auf direktem Wege mit Gott eins werden können und dazu nicht der Vermittlung von Priestern bedürfen. Und Eckehart, der exponierteste Dominikanerprediger seiner Zeit, der nach Stationen in Erfurt und Straßburg schließlich die Leitung des Studium generale seines Ordens in Köln übernommen hatte, hatte den Gedanken der Einswerdung so wörtlich genommen wie niemand zuvor: Wenn Menschen ein Bild anfertigen, hat es mit dem Abgebildeten günstigstenfalls große Ähnlichkeit. Als Gott den Menschen »sich zum Bilde« schuf, machte er ihn sich in einem übermenschlichen Maße gleich. Er hauchte ihm seinen Odem, seinen Geist ein. »So gleich ihm selber hat er des Menschen Seele gemacht, daß im Himmelreich noch auf Erden unter allen herrlichen Kreaturen, die Gott so wundervoll geschaffen hat, keine ist, die ihm so gleicht wie des Menschen Seele. Hierum will Gott diesen Tempel leer haben, auf daß denn auch nichts weiter darin sei als er allein.« Deshalb habe Jesus die Händler und Geldwechsler aus dem Jerusalemer Tempel vertrieben: um ein Gleichnis für die Reinigung des Seelentempels zu geben. Jeglicher Händlergeist soll daraus verschwinden. »Seht, alle die sind Kaufleute, die sich hüten vor groben Sünden und wären gern gute Leute und tun ihre guten Werke Gott zu Ehren, wie Fasten, Wachen, Beten und was es dergleichen gibt, allerhand gute Werke, und tun sie doch darum, daß ihnen unser Herr etwas dafür gebe oder daß ihnen Gott etwas dafür tue, was ihnen lieb wäre«. Sie »wollen auf solche Weise markten mit unserm Herrn. Bei solchem Handel sind sie betrogen.« »Willst du der Kaufmannschaft gänzlich ledig sein, so daß dich Gott in diesem Tempel belasse, so sollst du alles, was du in allen deinen Werken vermagst, rein nur Gott zum Lobe tun«. »Du sollst gar nichts dafür begehren. Wenn du so wirkst, dann sind deine Werke geistig und göttlich«.[9]

9 Meister Eckehart, *Deutsche Predigten und Traktate*, hg. v. Josef Quint, Hanser, München 1969, S. 154–156

Ist das nicht nahezu wörtlich Luthers Grundgedanke zu den guten Werken? Er findet sich bereits zwei Jahrhunderte zuvor bei Eckehart. Allerdings mit einem Überschuß: Die Seele, in der nur noch Gott wohnt, ist nicht nur über jeden Unterschied von Priester und Laie hinaus, sondern: »Gottes Sein ist mein Leben. Ist denn mein Leben Gottes Sein, so muß Gottes Sein mein sein und Gottes Wesenheit meine Wesenheit, nicht weniger und nicht mehr.«[10] War das nicht eine Ungeheuerlichkeit, nämlich menschliche Selbstvergottung – zudem ausgebreitet in deutschen Predigten vor den Ohren des Volks? Eckehart verstand darunter gerade das Gegenteil: maximale menschliche Selbstentäußerung als Antwort darauf, daß Gott sich bei seiner Menschwerdung bis zur Neige seiner selbst entäußert habe. Doch der Erzbischof von Köln war empört und eröffnete ein Inquisitionsverfahren gegen Eckehart. Der wehrte sich und trug das Verfahren selbst zur höchsten Instanz: zur Kurie nach Avignon. Er reiste eigens dorthin, um vor einer päpstlichen Kommission seine Version der mystischen Vereinigung von Gott und Mensch zu verteidigen. Doch alsbald verwarf eine Bulle Johannes' XXII. Eckeharts Auffassung und vermerkte zudem, er habe alle beanstandeten Sätze seiner Lehre widerrufen. Bald darauf ist er unter ungeklärten Umständen gestorben, weshalb der Verdacht, daß die Methoden der Inquisition seinem Widerruf und seinem mysteriösen Ende nachgeholfen haben, nie erloschen ist.

Luther hat Eckehart nicht gelesen, nur dessen Schüler Johannes Tauler. Auch der hat deutsche Predigten verfaßt, aber seine Mystik ist längst nicht so radikal wie die seines Lehrers. Einswerden mit Gott heißt für ihn vor allem Willenseinheit. »Du sollst deinen wandelbaren Willen einsenken in den göttlichen Willen, der unbeweglich ist, damit deiner Schwachheit aufgeholfen

10 Meister Eckehart, l. c., S. 184

werde.«[11] Darin, »daß nämlich der Mensch seinen eigenen Willen haben will auch an allen göttlichen Dingen«, besteht seine »Gefangenschaft«, der er nur entkommt, wenn er sagt: »Nein, Herr, nicht nach meiner Gnade oder Gabe oder Willen gehe es, sondern, Herr, wie du willst, Herr, so nehm ich es, oder so will ich es«. »Unendlich viel nützlicher als alles, was der Mensch nach seinem eigenen Willen haben kann, es sei Gott oder Kreatur, ist es ihm, es willig und demütig zu entbehren« »und dem eigenen Willen in Gelassenheit zu entsagen«. Erst solches Loslassen des Eigenwillens öffnet das Seeleninnere für den heiligen Geist, »und alle Gnade und alle Seligkeit wird davon eingegossen, und der Mensch wird ein göttlicher Mensch«. »Göttlich« wird hier ein Mensch allerdings nicht mehr, wie bei Eckehart, dank der Wesensgleichheit seiner Seele mit Gott, sondern nur noch durch Auflösung seines Eigenwillens in den Willen Gottes, aus dem er in sündhafter Abspaltung hervorgegangen ist. Einswerdung mit Gott ist nur noch als einseitiges Aufgehen in Gott, als Unterwerfungsakt gedacht, nicht mehr als wechselseitiges Aufgehen von Gott und Mensch ineinander. Nur für solch einseitige Mystik konnte Luther sich erwärmen – und nie bis zum Siedepunkt. Eins werden mit Gott: wie sollte das gehen, selbst bei vollkommener Hingabe? Man blieb doch als Sünder tief unter ihm. Die enorme Aufwertung des menschlichen Individuums, die die deutsche Mystik dadurch vollzog, daß sie die Gottebenbildlichkeit des Menschen[12] in bestimmter Hinsicht als Gottgleichheit interpretierte, war Luther entschieden zu kühn.

Bleibt am Ende als Luthers Alleinstellungsmerkmal lediglich seine Lehre von der Rechtfertigung des Sünders durch Gottes Gnade übrig? Nur, mit Verlaub, was ist daran genuiner Luther? Das Entscheidende steht doch schon beim Apostel Paulus. Die

11 Johannes Tauler, *Predigten*, in: *Deutsche Mystik. Aus den Schriften von Heinrich Seuse und Johannes Tauler*, Eugen Diederichs, Düsseldorf/Köln 1967, S. 161. Weitere Zitate S. 198, 199, 200

12 Genesis 1,26

Menschen »sind allzumal Sünder [...] und werden ohne Verdienst gerecht aus seiner Gnade durch die Erlösung, die durch Christus Jesus geschehen ist«.[13] Hatte der Katholizismus das vergessen? Keineswegs. Allen Kirchenvätern und Scholastikern ist der Gnadengedanke unverzichtbar. Augustin hat ihm gar eine ganze Serie von Schriften gewidmet und ein scharfes Bewußtsein für das Vertrackte daran entwickelt. Wenn Gnade einzig durch Gottes ebenso vorausschauenden wie unerforschlichen Ratschluß zuteil wird, kann niemand sie sich selbst beschaffen; andrerseits kann niemand an ihrem Empfang ganz unbeteiligt sein. Und diese Beteiligung, diese Empfänglichkeit ist das Problem. In welchem Maße ist sie passiv, in welchem aktiv? Wie weit reicht sie? In welchem Grad gewinnt sie den Status einer Mitwirkung? Diese Fragen trieben schon Paulus um. Er konnte den Gnadenbegriff gar nicht verwenden, ohne ihn sogleich gegen das Mißverständnis zu schützen, der mit Gnade Beschenkte müsse sich nicht mehr bemühen. Mit der Gnade steht, ob man will oder nicht, zugleich ihr Verhältnis zur menschlichen Natur, zum freien Willen, zu den Tugenden und guten Werken zur Debatte, und die Scholastiker haben dies Verhältnis nach allen Regeln der Kunst auszubalancieren versucht. Stets ist Paulus einer ihrer Kronzeugen gewesen.

Es kann keine Rede davon sein, daß die biblischen Schriften im Mittelalter verschüttet waren und erst Luther sie wieder ausgegraben hat. Als er seine ersten Vorlesungen über die Psalmen und den Galaterbrief hielt, bewegte er sich durchaus im Rahmen des theologischen Curriculums. Er entdeckte nicht etwa den Gnadenbegriff wieder, sondern gab ihm lediglich einen eigenen Akzent und neuen Nachdruck. Deshalb fiel es den damaligen päpstlichen Theologen so schwer, zu verstehen, warum ihnen der Poltergeist aus Wittenberg so vehement die Rechtfertigung des Sünders allein aus Gnade entgegenhielt. Die bestritten sie doch gar nicht. Und deshalb fiel es der Kurie von 1999 relativ leicht, mit den Lutheranern eine gemeinsame Erklärung zur

13 Römer 3,23 f.

Rechtfertigungslehre herauszugeben. Das war doch ihre eigene Lehre. Nur löste sie nicht automatisch das Mitwirkungsproblem. Dem stellte sich der Katholizismus besonnener als Luther, der überall, wo menschliche Beteiligung an Gnade und Rettung auch nur erwogen wurde, bereits die diabolische Versuchung der Selbstgerechtigkeit witterte.

Allein durch Gnade; allein die Schrift; das Abendmahl in beiderlei Gestalt; das Priestertum aller Gläubigen; der Appell an die weltliche Macht, die Ordnung der geistlichen wiederherzustellen: das sind die fünf Wahrzeichen der Lutherschen Reformation. Doch Luther hat keines davon erfunden. Sie waren allesamt schon vorher da. Ihn selbst störte das nicht. Er verstand sich nicht als Erfinder. Patentamt und Urheberrecht waren keine Kategorien seiner Epoche. Um so größer ist das Ärgernis für Lutheraner. Der reformatorische Durchbruch soll nicht die originäre Tat eines religiösen Genies, sondern mit lauter fremden Federn geschmückt gewesen sein? Wie wehrt man sich dagegen? Ganz einfach. Jene kühnen Geister, die längst Einsichten hatten, zu denen dann auch Luther kam, erklärt man zu seinen Vorläufern. Sie sollen für ihn etwas ähnliches gewesen sein wie Johannes der Täufer für Jesus: Wegbereiter. So hatte schon das Markusevangelium die Dinge gedreht. Jener Bußprediger und Täufer, dessen Jünger der historische Jesus gewesen war und von dem er sich, wie alle andern, »zur Vergebung der Sünden« in den Jordan hatte tauchen lassen, wird zu Jesu Herold umgedeutet, der nichts im Sinne hatte als ihn anzukündigen und auf ihn vorzubereiten. »Es ist eine Stimme eines Predigers in der Wüste: Bereitet den Weg des Herrn, macht seine Steige richtig.«[14]

Ähnlich nimmt die lutheranische Weltsicht die gegen den mittelalterlichen Klerus gerichteten Armutsbewegungen, die radikalen Vertreter der deutschen Mystik und die Reformatoren Englands und Böhmens wahr: als Herolde, die den Weg Luthers

14 Markus 1,3. Zum Täuferjünger Jesus ausführlich: Christoph Türcke, *Jesu Traum. Psychoanalyse des Neuen Testaments*, zu Klampen, Springe 2009, S. 88 ff.

bereitet haben. So kühn und bahnbrechend sie sich auch geäußert haben mögen – sie haben lediglich anklingen lassen, was erst ihm auszuführen vorbehalten war. Wie aber, wenn es gerade umgekehrt wäre: daß *sie* die eigentlichen Bahnbrecher waren und dafür in vielen Fällen mit Verfolgung und Tod bezahlten, während Luther nur als ein später Nachfahre und Nutznießer ihres Martyriums, sozusagen als »ungebratener Lorenz«[15], das ungeheure Glück hatte, bereits geebnete Wege gehen zu dürfen, Gedanken, an die sich die Zeitgenossen in einem gewissen Maße gewöhnt hatten, lediglich mit neuem Nachdruck formulieren zu können, und eine überaus günstige historische Konstellation vorzufinden, in der sie schließlich zündeten? Wyclif und Hus als die authentischen Reformatoren, Luther als ihr Megaphon? Undenkbar fürs Luthertum. Es kann Reformation gar nicht anders als in den Koordinaten der Wegbereiter-Theorie wahrnehmen. Ja, diese Theorie ist weit über das konfessionelle Luthertum hinaus wirksam geworden. Das Mittelalter, die Neuzeit, die Reformation als Scheide zwischen beiden und Luther als der Reformator: ohne dieses Begriffskonstrukt kann man sich im Geschichtsepochendiskurs überhaupt nicht mehr verständlich machen. Die Umbrüche im Jahrhundert vor Luther sind damit automatisch als vorreformatorisch definiert. Sie werden von einer Grundeinstellung aus wahrgenommen, die Walter Benjamin als »Einfühlung in den Sieger«[16] bezeichnet hat. Die »eigentliche« Reformation ist erst die, die sich durchgesetzt hat. *The winner takes it all.*

15 So nannte Thomas Müntzer in seiner *Hochverursachten Schutzrede* gegen Luther einen von dessen Anhängern (in Anspielung auf den heiligen Laurentius, der laut Legende auf einem Rost regelrecht gebraten wurde); Thomas Müntzer, *Schriften und Briefe*, Fischer, Frankfurt am Main 1973, S. 138

16 Walter Benjamin, *Über den Begriff der Geschichte*, Gesammelte Schriften (ed. Tiedemann/Schweppenhäuser), Band I.2, Suhrkamp, Frankfurt am Main 1974, S. 696

Der Teufel

Geistige Originalität war Anfang des 16. Jahrhunderts ein ebenso unbekanntes Wort wie Mittelalter oder Renaissance. Luther wollte nicht originell sein, als er an seiner Psalmen- oder Galaterbriefauslegung laborierte. Er wollte seine Seelennot loswerden. Der streng, mit harter Hand erzogene Erstgeborene eines aus bäuerlichen Verhältnissen aufgestiegenen Bergbauunternehmers sollte Jurist werden und den väterlichen Betrieb durch eine einträgliche Verwaltungslaufbahn absichern helfen. Einerseits belehnten die Eltern ihren begabten Sohn mit hohen Erwartungen. Andrerseits ließen sie ihn eine tiefe Nichtigkeit verspüren; sollte sein Leben doch lediglich den väterlichen Plänen gehorchen. Dieses Wechselbad hielt der Sohn Martin schlecht aus. Und als er das Studium der »freien Künste«, das damals Voraussetzung für den Zutritt zur medizinischen, juristischen oder theologischen Fakultät war, glanzvoll absolviert hatte und *Magister artium* der Universität Erfurt geworden war, da entzog er sich der väterlichen Autorität und ging, statt zur juristischen Fakultät, ins Erfurter Augustinerkloster. Zuvor war er in ein furchtbares Gewitter geraten und hatte, wie er später selbst berichtete, in Todesangst »Heilige Anna hilf, ich will ein Mönch werden« ausgerufen. Aber mußte er diese spontane Gefühlsaufwallung nachträglich als eisern zu befolgendes Gelübde verstehen? Das tat er, weil es ihm den höheren Rückhalt verschaffte, um sich dem Vater zu widersetzen. Das Gelübde erschien ihm als Ausweg, in einem ganz wörtlichen Sinne als *emancipatio*: als Herausführung aus der väterlichen Gewalt. Die Eltern fühlten sich betrogen. Mönch statt Jurist? Dafür hatten sie sich nicht krumm gelegt. Ihre Vorwürfe nagten ihn zuinnerst an. Er suchte sie loszuwerden, indem er an die Stelle der unterlassenen juristischen Studien um so heftigere asketische Übungen setzte: exzessives Beten, Fasten und Wachen. Doch die Selbstquälerei nahm ihm sein Schuldgefühl nicht; sie vertiefte es vielmehr zum Gefühl eines generellen

Verworfenseins. Im Beichtstuhl verhielt er sich wie ein überpedantischer Jurist und ging seinem Beichtvater mit der Aufzählung von lauter kleinen Verfehlungen und Unzulänglichkeiten auf die Nerven, die dieser als »Puppensünden« abtat.

Eines Tages lauschten die Mönche während der Messe im Chor der Lesung: einer der Geschichten, in denen Jesus einem Kind einen Dämon austreibt. Nach der einen Quelle[17] ist es die Geschichte von der Mutter, die den Meister bittet, ihr Töchterlein von einem »unsauberen Geist« zu befreien (Markus 7); nach der andern[18] die Geschichte vom Vater, der einen mondsüchtigen Jungen zu Jesus bringt (Matthäus 15); nach der dritten[19] die Geschichte von der Austreibung eines taubstummen Dämons ohne Angabe der Bibelstelle. Offenbar hat der Originalzeuge, auf den sich alle drei Quellen beziehen,[20] nicht gesagt, welche der zahlreichen Austreibungsgeschichten damals vorgelesen wurde, und so ist jedem Berichterstatter eine andere dazu eingefallen. Wenn man bedenkt, wie es im Erfurter Chor weitergegangen ist, drängt sich am ehesten eine vierte Bibelepisode auf, in der ein Vater seinen Sohn, der einen »sprachlosen Geist« hat, zu Jesus bringt und ihn beschwört, diesen Geist auszutreiben. »Und alsbald, da ihn [sc. Jesus] der Geist sah, riß er ihn [den Jungen]; und er fiel auf die Erde und wälzte sich und schäumte.« Jesus befiehlt dem »sprachlosen und tauben Geist«, auszufahren. »Da schrie er und riß ihn [sc. den Jungen] sehr und fuhr

17 Karl Euling (Hg.), *Chronik des Johan Oldecop*, Bibliothek des Litterarischen Vereins Stuttgart, Tübingen 1891, S. 18

18 Hieronymus Dungersheim, *Schriften gegen Luther*, Aschendorff, Münster 1987, S. 248

19 Johannes Cochläus, *Commentaria de actis et scriptis Martini Lutheri*, in: Otto Scheel, *Dokumente zu Luthers Entwicklung*, Band 2, J. C. B. Mohr (Paul Siebeck), Tübingen ²1929, S. 201

20 Es war Johann Nathin, Luthers Lehrer und Mentor in Erfurt, der zunächst große Stücke auf ihn gehalten hatte, dann aber um so entsetzter über seine Entwicklung war, cf. Dungersheim, l. c., S. 248

aus. Und er ward, als wäre er tot«. »Jesus aber ergriff ihn bei der Hand und richtete ihn auf«.[21]

Es spricht sehr viel dafür, daß es diese Geschichte war, die im Erfurter Chor vorgelesen wurde.[22] Denn während (oder am Ende?) der Lesung hat sich etwas Bemerkenswertes zugetragen, worin alle drei Berichte übereinstimmen. Luther hat sich plötzlich zu Boden geworfen, sich gewälzt und gebrüllt, und zwei der Berichterstatter sagen auch, was er gebrüllt hat: »Ich bins nicht« (*non sum*). Offensichtlich hat ihn die Geschichte in diesem Moment so getroffen, als erzählte sie von ihm. Jäh fühlt er sich als der von einem taubstummen Dämon besessene Sohn, der von seinem verzweifelten Vater zu Jesus gebracht wird, aber Jesu Gegenwart nicht aushält. Der Dämon »reißt« ihn, so daß er sich schäumend und schreiend auf dem Boden wälzt. Luther benimmt sich wie dieser Sohn. Er regrediert zu einem sich wälzenden und schreienden Kind, aber er leugnet zugleich, das besessene Kind zu sein, zu dem er sich macht: »Ich bins nicht.« Er begeht einen performativen Widerspruch: verneint ein Besessensein, das er gerade aufführt. Psychologisch gesprochen: Er »agiert« seine Situation. Und dazu gehört: Er will zwar von dem Zustand, den er vorführt, errettet werden, aber er will keine Rettung, die sein Vater einfädelt. Er will von den Vorwürfen des Vaters loskommen, aber nicht zu dessen Konditionen. Nur ein Ausweg, den er selbst findet, kann ihm genügen, und solange er keinen weiß, bleibt er in seinem depressiven Zustand befangen.

Von den drei Kolporteuren dieser Begebenheit waren zwei (Johannes Cochläus und Hieronymus Dungersheim) erklärte Luther-Gegner. Der dritte (Johann Oldecop) gibt sich als neutraler Chronist. Natürlich ist der »Anfall im Chor« für Luther nicht schmeichelhaft. Bequem ließ er sich von böswilligen

21 Markus 9,17–26

22 Cf. Erik H. Erikson, *Der junge Mann Luther*, Suhrkamp, Frankfurt am Main 1975, S. 24. Erikson ist der erste, der den »Anfall im Chor« als einen Schlüssel zu Luther wahrgenommen hat. Nur schließt er damit nicht übermäßig viel auf.

Gegnern als Zeichen dafür lesen, daß Luther früh schon von jenem Dämon besessen gewesen sei, der ihn später zum Abfall vom wahren katholischen Glauben verleitete. Aber für die Gegenthese aufgeregter Lutheraner, diese Episode sei lediglich eine verleumderische Erfindung, spricht nichts. Dafür schildert sie Luther viel zu hilfsbedürftig und viel zu wenig boshaft. Als anfallartiger Offenbarungseid in einer ausweglosen Lebenssituation hat sie hingegen eine verblüffende Plausibilität. So etwas erfindet man nicht einfach. Auch daß es deutsche Worte waren, die Luther hervorstieß, ist sehr glaubwürdig. Er bricht aus dem liturgischen Rahmen der Messe aus und regrediert zur Sprache seiner Kindheit. In Cochläus' lateinischer Version wird aus »Ich bins nicht« zwar notgedrungen »non sum«, aber das heißt ja bloß »ich bin nicht« und verschluckt das an dieser Stelle im Deutschen so signifikante »s«: das neuralgische Kürzel für ›dieser Sohn‹.

Kurzum, es spricht alles dafür, daß das gebrüllte »Ich bins nicht« Lutherscher Originalton ist und der »Anfall im Chor« tatsächlich stattgefunden hat. Er darf psychologisch durchaus als hysterische Regression verstanden werden. Erlebt hat Luther ihn freilich anders: als Zugriff einer höheren dämonischen Macht. Von ihr fühlte er sich in diesem Moment direkt angefaßt, und das Gefühl ihrer bedrohlichen Nähe hat ihn sein Lebtag, selbst in der euphorischen Phase des reformatorischen »Durchbruchs«, nie wieder ganz verlassen. Selbstverständlich hielt er diese Macht für objektive Realität. Von klein auf war ihm das weisgemacht worden – wie allen seinen Zeitgenossen. Nicht alle fühlten sich gleichermaßen von dieser Macht bedroht; aber der Glaube an sie war innerhalb des damaligen Weltbildes unausweichlich. Wenn die Existenz Gottes als Inbegriff des Guten nicht in Frage stand und die Existenz des Bösen in der Welt unabweisbar war, dann mußte es auch einen Inbegriff des Bösen geben. Erst im 20. Jahrhundert haben laue Theologen den »Abschied vom Teufel« vorgeschlagen, damit er die Gläubigen nicht unnötig ängstigt und die Kirchenmitgliederzahlen nicht weiter schrumpfen läßt. »Wenn wir die Begriffe ›das Böse‹,

›die Macht des Bösen‹ gebrauchen, dann haben wir es mit einer unbestimmten, nur gedachten Größe zu tun, und es muß uns dabei klar sein, daß es ›das Böse‹ in sich nicht gibt«,[23] während die Macht des Guten weiterhin hübsch für bare Münze genommen werden soll: als der real existierende, in Jesus Christus geoffenbarte Gott. Solch pseudoaufklärerisches Messen mit zweierlei Maß war der frühchristlichen und mittelalterlichen Theologie noch fremd. Ihre Teufelslehre war zunächst keineswegs »finster«, vielmehr der seriöse Versuch, das Gewicht des Bösen in der Welt zu monotheistischen Konditionen maximal verständlich zu machen. Man vergißt heute gern, was für eine große geistige Neuerung der Monotheismus war, als er im sechsten vorchristlichen Jahrhundert entstand. Ihm erst ist es gelungen, die Welt als *eine* zu denken: als einen konsistenten Naturzusammenhang, den ein unfaßbar weiser Schöpfer aus sich entlassen und sinnhaft gefügt haben soll.

Damit stellte sich freilich ein Problem, das den Polytheismus noch kaum gekümmert hatte: Woher kommt eigentlich das Böse? Unter monotheistischen Voraussetzungen hat es keinen Grund – und entsteht doch. Es ist eine grund- und haltlose Abweichung vom schlechterdings Guten – von Gott. So hat es sich schon die biblische Geschichte vom Sündenfall zurechtgelegt. Sie weiß nicht zu sagen, woher die Verlockung kommt, die Adam und Eva böse werden ließ und zu ihrer Vertreibung aus dem Garten Eden führte. Doch seither ist nichts mehr, wie es war. Der Sündenfall der ersten Menschen hat die gesamte Natur in Mitleidenschaft gezogen. Die Nachfahren von Adam und Eva kommen in einer Umgebung von Entbehrung und Gewalt zur Welt, in der ihr Wille sich vorab auf einer schiefen Ebene befindet und gegen seine Neigung zur Eigensucht nicht aufkommt. Daß der Sündenfall des ersten Menschenpaars die gesamte Menschheit konstitutionell unfähig gemacht hat, nicht zu sündigen: das ist der Kerngedanke der Erbsündenlehre. Einerseits

23 Herbert Haag, *Abschied vom Teufel*, Benziger, Einsiedeln 1969, S. 10

ist sie skandalös. Sie rechnet jedem Individuum als persönliche Schuld zu, was doch aufs Konto einer psychosomatischen Erbkrankheit der Spezies Mensch geht. Andrerseits trägt sie dem Faktum Rechnung, daß böse Seelenregungen immer schon im Kraftfeld von umfassenden Natur- und Sozialgewalten stehen. Tatsächlich kommt das Böse nicht nur aus einzelnen Seelen. Es hat die Dimension einer überindividuellen, sogartig wirkenden Macht, wie Augustin, der bedeutendste unter den Kirchenvätern, immer wieder betonte. Er trug wesentlich dazu bei, daß die Erbsünde im fünften Jahrhundert zu einem festen kirchlichen Lehrstück wurde. Damit gewann auch das Böse einen geradezu systemischen Status. Und wo der Weltschöpfer als personifizierte Macht des Guten galt, war es nur folgerichtig, auch die Macht des Bösen zu personifizieren: als Teufel.

Ein Gutes hatte der Teufel. Zu monotheistischen Konditionen war er, wie alles in der Welt, lediglich ein Geschöpf Gottes. Wenn dem aber so war, dann mußte dem Sündenfall der Menschen ein »Prolog im Himmel« vorausgegangen sein: ein Engelfall. Engel sind als körperlose, unvergängliche, reine Intellekte gedacht, die »ihre Erkenntnis Gottes nicht durch tönende Worte, sondern durch die Gegenwart der unwandelbaren Wahrheit selbst« erlangen, also nicht wie die Menschen der Wahrnehmung durch fünf Sinne bedürfen, sondern alles unmittelbar im Lichte der göttlichen Wahrheit erfassen und »mit der Ewigkeit des Beharrens auch die Leichtigkeit des Erkennens und die Seligkeit der Ruhe«[24] besitzen. Nur daß einige von ihnen es in der reinen Schau der göttlichen Wahrheit nicht aushielten, sich aus unerfindlicher Widerborstigkeit von ihr abkehrten und ihren Willen dem göttlichen entgegensetzten. Die gefallenen Engel – und nichts anderes sind die Dämonen – treiben sich seither »im niederen Lufthimmel« herum. Sie können einen Luftkörper

24 Aurelius Augustinus, *De civitate Dei* XI, zitiert nach der Übersetzung von Wilhelm Thimme, *Vom Gottesstaat*, Band II, Artemis, Zürich 1955, S. 52 und 56. Weiteres Zitat S. 33

annehmen, der sie zu unerhört feiner Wahrnehmung und schneller Bewegung befähigt. So stehen ihnen viele übernatürlich erscheinende Mittel zu Gebote, um den Menschen zu schaden. Sie vermögen Künftiges vorherzusagen, Krankheiten, Unwetter und Mißernten zu erzeugen. Dank ihrer Luftigkeit wissen sie sich sogar in die menschlichen Sinne, Phantasien und Träume einzuschleichen und darin die kuriosesten Wahrnehmungsbilder hervorzurufen, als wären es Bilder wirklicher Ereignisse. Dennoch besteht Augustin darauf, daß Dämonen unfähig sind, Wunder zu tun. Ihr Gaukelwerk mag zwar Menschen in Verwunderung versetzen, aber es unterliegt den Gesetzen, die Gott seiner Schöpfung gegeben hat. Es will Gott zwar die Menschen abspenstig machen, trägt dabei aber zur Bewährung der Gläubigen bei. Nur bewährter Glaube ist echter Glaube. Er bedarf der Versuchung. Ohne sich an ihrer sinnlichen Umgebung zu erproben und zu entfalten, könnten die Menschen gar nicht lernen, sich auf Gott hin zusammenzunehmen. Daran wirken die Dämonen wider Willen mit. Indem sie gegen Gott Sturm laufen, tanzen sie nach seiner Pfeife. Ausgerechnet durch ihr widerspenstiges Tun gelangt die Schönheit und Harmonie des Weltganzen zur Vollendung. »Gott würde ja keinen Menschen geschaffen haben und erst recht keinen Engel, dessen künftige Schlechtigkeit er vorausgesehen hätte, wüßte er nicht ebenso, wie er sich ihrer zum Nutzen der Guten bedienen und so das geordnete Weltganze wie ein herrliches Gedicht gewissermaßen mit allerlei Antithesen ausschmücken würde.«

Augustins Dämonenlehre hat versucht, die strukturelle Gewalt des Bösen und ihr Verführungs- und Verblendungspotential im Lichte des Monotheismus zu ergründen und zu begrenzen. Sie war kein Vorstoß finsteren Aberglaubens, sondern darauf aus, diesen so weit, wie es das monotheistische Paradigma irgend zuließ, zu verscheuchen. Um so bemerkenswerter die Wiederkehr des Verscheuchten im Laufe des christlichen Mittelalters. Als im 11. Jahrhundert der große Kirchenbau begann, als sich um ihn herum ein reger Handel und Münzumlauf entfaltete und der Prunk der kirchlichen Würdenträger zunahm, da wurde auch ein Generalverdacht gegen die Kirche als Institution rege. Verwickelte sie sich nicht zusehends selbst in jenes weltliche Treiben, gegen dessen Gefahren sie durch Erteilung der Sakramente gerade schützen sollte?

Man kann die große Kirchenpolitik des Mittelalters durchaus als einen Dauerversuch erachten, diesen Verdacht zu unterdrücken – und diejenigen zu dämonisieren, die ihn explizit oder implizit vorbrachten. Leicht ließ sich das mit den Katharern machen, einer Glaubensgemeinschaft, die sich im 12. Jahrhundert in Südfrankreich ausbreitete. Ihr ging das Streben des Klerus nach immer mehr weltlicher Macht derart gegen den Strich, daß sie den Empfang der Sakramente aus dessen Hand verweigerte. Mit solchen Gaben wollte sie sich nicht beschmutzen. Ihre Mitglieder nannten sich *katharoí*: die Reinen. Der Schöpfergott erschien ihnen als Urheber alles Unreinen, als ein böses Prinzip, aus dem die gesamte materielle Welt einschließlich der irdischen Kirche hervorgegangen war. Christus erachteten sie hingegen als den Abgesandten eines rein geistigen Prinzips, der sich nie wirklich inkarniert hatte und auch nur gekommen war, die Seelen aus dem Schmutz der Materie in die höhere Welt des Geistes zu ziehen. Das war unvereinbar mit der Kirchenlehre. Gegen die Katharer wurde ein Kreuzfahrerheer mobilisiert. Es wütete in Südfrankreich von 1209 bis 1229. Danach existierten nur noch versprengte und gehetzte Reste der Katharer. Indessen wurde aus dem Namen *katharoí* im Deutschen das Schimpfwort »Ketzer«.

Kreuzzüge waren zunächst nach außen gerichtet gewesen: auf die Befreiung Jerusalems von den Moslems. Der Krieg gegen die Katharer war der erste Kreuzzug nach innen. Aber war mit ihrer Zerschlagung auch ihr widerspenstiger Geist ausgerottet? Das glaubte die Kurie nicht. Sie setzte nach. Im Jahre 1233 sandte Papst Gregor IX. durch eine Bulle »Predigermönche [= Dominikaner] gegen die Ketzer Frankreichs und der benachbarten Provinzen« und ermächtigte sie, den ortsansässigen Klerikern, sollten sie lässig gegen Ketzerei sein, »ihre Pfründen für immer zu nehmen und gegen sie und alle anderen ohne Berufung vorzugehen«.[25] Das war der Beginn der Inquisition: die Fortsetzung des Kreuzzugs nach innen mit andern Mitteln. Von ferne sah sie vielleicht bloß wie eine etwas gründlichere Art der Gemeindeinspektion aus. Faktisch lief sie auf eine dezentrale, flächendeckende Kontrolle christlicher Lebensführung hinaus, die alle Widerchristlichkeit schon im Keim erkennen sollte, damit so etwas wie die Katharersekte sich auch nicht ansatzweise mehr bilden konnte. So unschön hat einst die qualitative empirische Sozialforschung angefangen. *Inquisitio* heißt ja Befragung, Erkundung, Erforschung. Zu erforschen galt es alle Handlungen und seelischen Regungen, die der christlichen Lehre zuwider waren. Und wer konnte schon von sich sagen, daß er sich dieser Lehre immer und in jeder Hinsicht konform verhalten habe? Wenn ein Inquisitor bei Bereisung einer Stadt alle Bewohner aufforderte, »binnen sechs oder zwölf Tagen zu erscheinen und ihm alles zu enthüllen, was sie über jemanden erfahren oder gehört hätten und was zu dem Glauben oder Verdacht berechtigen könnte, daß derselbe ein Ketzer sei« »oder daß er gegen irgendeinen Glaubensartikel gesprochen habe oder daß er in seinem Lebenswandel von dem der Gläubigen abweiche«[26] – gab es ihm da nicht allerlei zu gestehen? Und war es nicht besser, andere anzuschwärzen als sich selbst verdächtig zu machen?

Das Klima der Angst, welches die Inquisition erzeugte, verhalf den Dämonenphantasien zu einer neuen Blüte. Die Katharer hatten die Kirche, deren Sakramente sie ablehnten, lediglich als widerchristlich erachtet. Die Kirche hingegen machte die Katharer rückwirkend zu einer dämonischen Verschwörung. Die besagte Bulle Gregors IX. unterstellt ihnen wilde nächtliche Zusammenkünfte mit einem riesigen Frosch und einem großen schwarzen Kater, die widernatürlich zu küssen seien. Dann

25 Gregor IX., zitiert nach Henry Charles Lea, *Die Inquisition*, Greno, Nördlingen 1985, S. 134
26 Henry Charles Lea, l. c., S. 179

»werden die Lichter ausgelöscht und man schreitet zur abscheulichsten Unzucht ohne Rücksicht auf Verwandtschaft«.[27] Die erschlagenen Katharer lebten in den Siegern fort wie Tote, die ihre Mörder in Alpträumen heimsuchen: verzerrt zu einer tierisch-menschlichen Gemeinschaft, die sich über Glaube, Sitte und Naturordnung gleichermaßen hinwegsetzt – als Vorhut einer chaotisch-diabolischen Macht, die es nicht nur auf die christlichen Seelen abgesehen hat, sondern sich anschickt, an der gesamten Weltordnung zu rütteln. Und diese Bedrohungsphantasie steckte auch alles andere an, was sich im Christentum subkutan noch an alten heidnischen Zauberpraktiken und Vorstellungen erhalten hatte und ließ diese Überbleibsel, die jahrhundertelang kaum Anstoß erregt hatten, unversehens als Aktivposten einer dämonischen Großoffensive erscheinen.

Skurril ist, wie der Cheftheologe des 13. Jahrhunderts, Thomas von Aquin, den neu aufflammenden Dämonenglauben mit messerscharfen Argumenten gesellschaftsfähig machte. Augustin hatte zwar eingeräumt, daß Dämonen einen Luftleib annehmen und in menschlichen Seelen Gaukelbilder hervorrufen können. Aber dieser Luftleib selbst: konnte der sich auch zu objektiven Gaukelgestalten materialisieren? Das hatte Augustin weder klar behaupten noch leugnen mögen. Thomas hingegen sagt entschieden ja. Es gibt neben der subjektiven Trübung der Sinne, die gelegentlich Trugbilder vorgaukelt, auch Fälle, wo unter bestimmten Luft- und Lichtverhältnissen mehrere Menschen, die ganz bei Sinnen sind, gleichzeitig wahrnehmen, was man eine Fata morgana nennt. Wenn es aber tatsächlich solche objektiven Trugbilder gibt, dann können Dämonen sowohl »die Phantasie eines Menschen bewegen, und auch seine körperlichen Sinne, so daß er etwas anders sieht, als es ist«, als auch »aus Luft einen

27 Bulle Gregors IX. von 1233, zitiert nach Gabriele Becker u. a., *Aus der Zeit der Verzweiflung. Zur Genese und Aktualität des Hexenbildes*, Suhrkamp, Frankfurt am Main 1977, S. 329

Körper von jeder beliebigen Form und Gestalt formen, ihn annehmen und darin sichtbar erscheinen«.[28]

Damit war die Existenz von Sexualdämonen ratifiziert, die als *Incubi* Frauen beschlafen (*incubare* = draufliegen) und sich als *Succubi* geilen Männern unterlegen, ihren Samen auffangen und entwenden und damit unheilvolle Zeugungen vollziehen. Sexuelle Phantasien, die sich an den Katharern entflammt und mit Versatzstücken volkstümlichen Aberglaubens vielfältig angereichert hatten, bekamen ausgerechnet von Thomas, dem größten Rationalisten des Mittelalters, eine pseudowissenschaftliche Grundlage untergeschoben.

Nun mußten nur noch zwei Vergehen zusammengeschlossen werden, die anfangs wenig miteinander zu tun hatten: Häresie und Zauberei. Daran arbeitete die Inquisition besonders in der Zeit, als Avignon zum komfortablen Exil der Kurie geworden war. Traditionell waren Häretiker zumeist Intellektuelle, die zu bestimmten kirchlichen Lehren – über die Schöpfung, Inkarnation, Sakramente etc. – eine abweichende Auffassung vertraten, ohne deshalb anfällig für Zauberei zu sein. Zauberei wiederum war vornehmlich schlechte Gewohnheit: ein eher volkstümliches Haften an alten magischen Formeln und Riten aus vorchristlicher Zeit, doch zumeist ohne ernsthafte Absicht, sich von der kirchlichen Lehre loszusagen. Mit den Katharern schien sich das Gemeinsame dieser beiden Vergehen herauskristallisiert zu haben: die Teufelsbuhlschaft. Man konnte geistig mit dem Teufel buhlen: sich durch ihn zu Hochmut und Eigensinn verführen und von der christlichen Lehre abbringen lassen. Und man konnte physisch mit ihm buhlen: rituell-sexuell. Das waren nur zwei Seiten derselben Sache. Häretiker waren also stets mit dem Teufel im Bunde, Zauberer stets auch Häretiker.

Avignon lag dicht am ehemaligen Katharergebiet. Dorthin hatten es die von der Kurie ausgesandten Inquisitoren nicht weit. Dort fanden denn auch ab 1320 die ersten größeren

28 Thomas von Aquin, *Summa theologica*, I, q. 114, 4, ad 2.

Zauberer- und Hexenverfolgungen statt. Von Südfrankreich griffen sie nach Nordosten aus und fanden ab 1420 ihren nächsten großen Schauplatz in den Westalpen, ehe sie, angefacht durch eine Bulle Innozenz' VIII. aus dem Jahre 1484, »in einigen theilen des Oberteutschlands, wie auch in den Meyntzischen, Cölnischen, Trierischen, Salzburgischen Erzbistümern, Städten, Ländern, Orten« das Jagdgebiet fanden, in dem sie dank deutscher Gründlichkeit überhaupt erst ihr Hauptwerk begannen. Jakob Sprenger und Heinrich Institoris, zwei Dominikaner, die im Auftrag und Namen von Innozenz' Hexenbulle Deutschland bereisten, verfaßten im Zuge ihrer akribischen inquisitorischen Tätigkeit jenen berühmten Leitfaden zur Aufspürung und Zerschmetterung der Hexen, der vom 15. bis zum 17. Jahrhundert 29 Auflagen erlebte: den Hexenhammer.

Die via moderna

Gegen alles dies erhob die Reformation keinerlei Einspruch. Wie auch? Daß die Dämonen zur finalen Großoffensive angetreten seien und der Teufel im Begriff stehe, sich vor dem nicht mehr fernen jüngsten Tag noch einmal als »Fürst dieser Welt« furchtbar aufzuspreizen, war ja ihr eigenes Lebensgefühl. Strittig war lediglich der bevorzugte Aufenthaltsort des Teufels. Die Kurie hielt sich für sein Hauptangriffsziel; viele andere hielten sie für seinen Hauptwohnsitz. Aber daß überall in der Welt Dämonen lauerten, war katholisch-protestantischer Konsens. Daran änderte auch die *via moderna* nichts, in deren Fußstapfen die Reformation trat. Das war eine theologische Richtung, die im 15. Jahrhundert an den Universitäten immer mehr Kredit gewonnen hatte. In Erfurt wurde sie besonders prominent gelehrt und hatte den jungen Luther alsbald in ihren Bann gezogen. Tat sie nicht einen ersten Schritt hin zur Moderne und weg vom Dämonenglauben? Ist sie nicht die Keimzelle von Luthers Modernität?

Das ist ein Mißverständnis. Das Adjektiv »modern« stand zunächst keineswegs für eine neue Epoche, sondern lediglich für eine neue Umgangsweise mit einem alten Bekannten: Aristoteles. Dessen ins Arabische übersetzte Schriften waren 1085, als das maurische Toledo durch Christen erobert wurde, in christliche Hände gefallen und wirkten alsbald auf die christliche Theologie wie eine Vernunftinjektion. Was arabische Muslime konnten, mußten das Christen nicht erst recht können: sich dem größten Philosophen der Antike gewachsen zeigen? Die Christen hatten da zunächst Nachholbedarf. Sie mußten vom arabischen Aristoteles erst einmal lateinische Übersetzungen anfertigen und sich auf den philosophischen Stand hocharbeiten, auf dem große muslimische Gelehrte wie Avicenna und Averroes längst argumentierten. Aber es war nicht nur Rivalität mit dem Islam, was die Scholastiker des 12. und 13. Jahrhunderts dazu antrieb, die christliche Lehre auf das Niveau aristotelischer Rationalitätsstandards zu heben. Aristoteles war ihnen an einem entscheidenden Punkt auch inhaltlich viel hilfreicher als die Platoniker, die den Kirchenvätern jahrhundertelang als philosophische Folie gedient hatten. Platon hatte die irdischen Dinge als Abbilder ewiger Ideen erachtet. Aber sollte von Menschen aus Fleisch und Blut lediglich die »Idee«, also die Menschheit überdauern – und allenfalls noch die körperlose Vernunftseele? Das reimte sich schlecht mit der biblischen Verheißung der Auferstehung des Fleisches, die jüdischem Denken entstammte und darauf setzte, daß jedes menschliche Individuum, welches Gott treu geblieben ist, *ganz* gerettet wird: als leib-seelische beziehungsweise materiell-geistige Einheit.

Diese Einheit läßt sich mit Hilfe der platonischen Ideen nicht fassen. Aristoteles eröffnete da eine neue Möglichkeit. Zwar gibt es auch bei ihm unvergängliche Ideen, aber sie sind entschieden anders gedacht als bei Platon: nicht als ein Jenseits des Physischen, sondern als die formende Kraft darin, die den jeweiligen Einzeldingen ihre konkrete Gestalt gibt. Laut Aristoteles konstituiert sie Lebewesen und Dinge zu Individuen, geht in ihrer

Individualität aber nicht auf, sondern bleibt zugleich das Allgemeine in ihnen. *Universale in re* (das Universale sitzt im physischen Ding): das ist die Auffassung, die Thomas von Aquin mit großem Nachdruck vertreten und christlich gewendet hat. Begriffe sind ihr zufolge weder äußerliche Sammelordner für Einzeldinge noch bloß passive Abdrücke von Ideen. Sie sind vielmehr Aktivposten. Sie drücken das Innere der konkreten einzelnen Naturwesen und -dinge auf menschenspezifische Weise aus. Sie sind Herolde dieses Inneren und Abkömmlinge von dessen Formkraft. Der Begriff des Menschen etwa hat in der Formkraft, die in jedem menschlichen Individuum sitzt und ihm seine konkrete Gestalt gibt, seinen Fundus – und eine Zukunftsdimension. Genau genommen nämlich trifft der Begriff des Menschen jeden Einzelmenschen so, wie er nach seiner Auferstehung überhaupt erst werden soll: als von unvergänglicher Formkraft durchdrungenes Individuum.[29] Die Formkraft im Einzelwesen ist sozusagen der Kraftspender des Begriffs. Sie hat sachliche Allgemeinheit, er mentale. Beide entsprechen einander. In Thomas' Worten: Die göttliche Schöpferweisheit hat Natur- und Begriffsordnung aufeinander abgestimmt und für eine »Angemessenheit von Sache und Intellekt« (*adaequatio rei et intellectus*)[30] gesorgt.

Diese christliche Lesart von Aristoteles: das war die *via antiqua* – ein ausgeprägter Vernunftoptimismus. Er sah den menschlichen Grundbegriffen eine im Prinzip vernünftige Weltordnung zugrunde liegen. Die Gliederung der Natur nach Gattungen und Arten, die Gliederung der Gesellschaft nach verschiedenen weltlichen und geistlichen Ständen: griff dies alles nicht bestens ineinander? Machte es die Weisheit Gottes nicht so weit offenkundig, wie der vom Sündenfall verdunkelte menschliche Intellekt überhaupt in der Lage war, ihrer aus eigener Kraft inne zu werden? Selbst der Begriff des *Incubus* schien ein sachliches Fundament in dämonischen Wesen zu haben, die Unheil stiftend

29 Thomas von Aquin, *Summa theologica*, I, q. 97, 3 c.
30 Thomas von Aquin, *Summa theologica*, I, q. 16, 1

durch die Welt geistern und sich dennoch dem göttlichen Heilsplan einfügen müssen. Und dann kam die Zeit, wo dieser Optimismus nicht mehr zu halten war. Rumort hatte es unter seiner Decke lange schon, im Grunde seit dem 11. Jahrhundert, als die weltliche Verstrickung von Klerus und Kurie skandalträchtig zu werden begann. Aber die Skandale wurden vorerst im Rahmen einer als weise erachteten christlichen Weltordnung wahrgenommen, nicht als deren Dementi. Die entscheidende Zäsur war die Übersiedelung der Kurie von ihrem angestammten Sitz in Rom nach Avignon. War damit nicht auch eine ganze Welt aus den Angeln gehoben? Diesen Verdacht hatte auf seine Weise schon Meister Eckehart gehegt. Daher seine Vision von der Direktvereinigung der Seele mit Gott am Klerus vorbei. Und genau zu der Zeit, als Johannes XXII. Eckeharts Lehre verwarf, verhörte er in Avignon einen anderen großen Geist, bei dem derselbe Verdacht eine gegenläufige Richtung nahm: den englischen Franziskaner Wilhelm von Ockham.

Ockham war weder radikaler Armutsverfechter noch Mystiker. Was an seiner Lehre Anstoß erregte, war die Abkehr vom Vernunftoptimismus des Thomas, dessen Heiligsprechung Johannes XXII. gerade angelegentlich betrieb. Wie Thomas im aristotelischen Gedanken der Formkraft die leib-seelische Einheit der Auferstandenen immer schon mitgedacht hatte, so hob Ockham nun die Kehrseite davon hervor. Wenn Gott jemanden verdammt, ist dann auch die menschenspezifische Formkraft in ihm verdammt? Dann wäre bereits mit dem ersten Verdammungsurteil die ganze Menschheit diskreditiert. Das konnte nicht sein.[31] Also werden die Menschen zu leib-seelischen Einheiten nicht dank einer in ihnen wirkenden Formkraft, sondern weil Gott sie so und nicht anders geschaffen hat. Er braucht dazu weder Vernunftgründe noch irgendein ideelles Substrat. Auch die Begriffe, mit denen die Menschen Naturdinge benennen, sind auf ein solches Substrat nicht angewiesen. Das ganze Räsonieren

31 Wilhelm von Ockham, *I librum Sententiarum*, d. 2, q. 6

über die *adaequatio rei et intellectus* erübrigt sich. Begriffe sind einfach nur *intentiones animae*: Zeichen, mit deren Hilfe man sich in Natur und Gesellschaft orientieren kann.[32] Wenn diese Orientierung funktioniert, dann nicht, weil die Allgemeinheit der begrifflichen Zeichen in den Dingen selbst eine allgemeine Entsprechung hätte, sondern weil Gott es so will. Er hätte es auch ganz anders machen, eine andere Welt mit anderen Gattungen, Arten und Begriffen schaffen, sich statt in Jesus Christus in einem Esel oder einem Stein inkarnieren können.[33] Nichts spricht dafür, daß er so etwas vorhätte, aber seine Allmacht anerkennen heißt einräumen, daß er es jederzeit tun könnte.

Mit dem Hervorkehren der göttlichen Allmacht wurde manches einfacher. Man mußte nicht mehr nachweisen, daß Gott vernunftgemäß handelt. Man durfte sich bei drei Arten von Evidenz bescheiden: Naturdinge waren durch ihre sinnliche Wahrnehmbarkeit evident; begriffliche Zeichen durch ihre widerspruchsfreie Verbindung miteinander; Jesus Christus und die ihn bezeugenden Schriften und Einrichtungen dadurch, daß Gott sie so und nicht anders offenbart hatte. Aristoteles mochte zur Vergewisserung über konkrete Naturphänomene beitragen; seine Logik zur widerspruchsfreien Ordnung der Begriffe. Aber zur Einsicht in die Weltordnung, in das Wesen Gottes oder gar in seine Offenbarung taugte er nichts. So die neue Aristoteles-Lesart, die Ockham einleitete. *Via moderna* hieß sie erst später, als Ockham nach abenteuerlicher Flucht aus Avignon an den kaiserlichen Hof in München gelangt war und seine Lehre von dort aus Kreise zu ziehen begann.

Diese Lehre richtete sich gegen die Kurie und genoß den Rückhalt des Kaisers. Und sie gewann um so mehr Kredit, je

32 Wilhelm von Ockham, *Expositio super VIII libro Physicorum*, Prologus, in: Günther Mensching, *Das Allgemeine und das Besondere. Der Ursprung des modernen Denkens im Mittelalter*, Metzler, Stuttgart 1992, S. 323

33 Wilhelm von Ockham, *Centiloquium theologicum*, ed. Philotheus Boehner, St. Bonaventure University Press, N. Y., 1988, S. 44

tiefer die Christenheit sank. Zuerst das Avignonpapsttum, dann die Pest, dann die Spaltung der Kurie in zwei, schließlich drei Päpste – wer wollte da im christlichen Abendland noch ein von Gott weise gefügtes Ganzes sehen? Es war offenkundig im Zerfall. Zurück blieb ein Wust von Einzelphänomenen, philosophisch gesagt: eine »chaotische Mannigfaltigkeit«. Die konnte man zwar mittels begrifflicher Zeichen erfassen und handhabbar machen, aber nicht, weil diese Zeichen Ausdrücke einer inneren Formkraft oder eines »Wesens« waren. Die Ockham-Schule erachtete sie bloß noch als Nomina – Benennungen, die in einer zerfallenden Welt notdürftig Ordnung herstellten. Deswegen wurde die *via moderna* auch Nominalismus genannt, die *via antiqua* hingegen Realismus, weil sie den Begriffen ein reales Fundament in der Dingwelt unterstellte, das genauso universal sein sollte wie sie selbst.

Der Streit zwischen Realismus und Nominalismus heißt Universalienstreit. Geschlichtet ist er bis heute nicht.[34] Daß der Nominalismus zunächst die Oberhand gewann, liegt nicht daran, daß er »moderner« oder kritischer war. Er glaubte zwar nicht mehr an die aristotelische Metaphysik. Um so kritikloser bestand er auf der Allmacht und Unerkennbarkeit Gottes. Das war eine Flucht nach vorn: der Versuch, die Not der Gottesferne in etwas Gottgewolltes umzudeuten. Gott will verborgen sein, war die Devise. Den Menschen ist nur so viel von ihm offenbar, wie er selbst in Christus und den ihn bezeugenden Schriften und Institutionen offenbart hat. Aus der Natur oder der Vernunft kann man rein gar nichts über ihn erfahren. Das Vernunftvermögen ist ein Instrumentarium zur Produktion von Ordnung in der Sinnenwelt und zur Rezeption von Glaubensinhalten. Als solches ist es durchaus zu schulen, auch mit aristotelischer Logik. Aber es ist keine eigene Urteilsinstanz über Gott und den Weltsinn. Und was folgt daraus für den Dämonenglauben? Daß die Nominalisten ihn nicht minder als die Realisten pflegten. Dämonen

34 Cf. hierzu die große Studie von Günther Mensching, op. cit.

waren ja von der heiligen Schrift bezeugt. Während Thomas aber noch subtile Überlegungen zu subjektiver und objektiver Sinnestäuschung angestellt hatte, um die Existenz von *Incubi* und *Succubi* zu beglaubigen, glaubten Nominalisten auch ohne solche Überlegungen an Sexualdämonen und alle Arten von Teufelsbuhlschaften. Je mehr die Welt aus den Fugen war, desto mehr erschien sie als Tummelplatz der Dämonen. War nicht die von der Johannesoffenbarung vorausgesagte Endzeit angebrochen, in der sie ein letztes Mal losgelassen werden sollten? Das war unter nominalistischen Voraussetzungen fast noch plausibler als unter realistischen. Wer zudem noch tiefe persönliche Schuldgefühle mit sich herumtrug, hatte gerade als Nominalist gute Voraussetzungen dafür, sich direkt von einem Dämon angefaßt zu fühlen.

Der Durchbruch

Damit wären wir wieder bei jenem Erfurter Theologiestudenten, der sich mit den Worten »Ich bins nicht« zu Boden geworfen hatte. Er fühlte sich genau als das, was er so heftig verneinte: besessen von einem sprachlosen Geist. Anders gesagt: Er fand nicht die Worte für die besondere Art von Schuld, die ihn plagte. Mit seinem Eintritt ins Kloster hatte er in doppeltem Sinn gegen das *Gesetz der Eltern* verstoßen: gegen das vierte Gebot (»ehre Vater und Mutter«) und gegen das Gesetz, das er nach ihrem Willen studieren sollte: die Jurisprudenz.[35] Um so verbissener unterwarf er sich dem Regime des Klosters, betrieb mit asketischen Bußübungen Raubbau an seiner Gesundheit, registrierte

35 Luthers Mutter Margarethe entstammte der wohlhabenden Eisenacher Bürgerfamilie Lindemann, deren Reputation und Mitgift ihrem Mann Hans seinen Aufstieg zum Hüttenmeister überhaupt erst ermöglicht hat. Sie dürfte längst nicht so tief in seinem Schatten gestanden haben, wie lange Zeit angenommen wurde (cf. Heiko A. Oberman, *Luther. Mensch zwischen Gott und Teufel*, Severin und Siedler, Berlin 1982, S. 92 ff.). Daher wird im folgenden stets vom »Gesetz der Eltern« gesprochen, nicht bloß des Vaters.

jede kleine Verfehlung, jeden nicht ganz moralischen Wunsch – und versuchte so durch Übererfüllung des Klostergesetzes den fortdauernden Ungehorsam gegen das Gesetz der Eltern zu kompensieren. Das gelang ihm nicht. Sein Beichtvater, seine Lehrer und Mitbrüder bedeuteten ihm, er solle es mit der Selbstbeschuldigung und -kasteiung nicht übertreiben. Die Klosterregel verlange von niemandem Unmenschliches. Sie verstanden ihn nicht. Er wiederum war nicht in der Lage, ihnen zu sagen, was ihn trieb, denn er verstand es ja selbst nicht. So war er mit dem Alp seiner Schuld allein – einem sprachlosen Geist. In seiner Not stürzte er sich in ein exzessives Bibelstudium. Würde ihm die heilige Schrift vielleicht einen Ausweg aus seiner Ausweglosigkeit zeigen?

Lange Zeit tat sie es nicht. Er mochte noch so oft die Stellen aufschlagen, die von Gottes Gnade und Erbarmen redeten – sie nahmen ihm nicht die drückende Schuld; sie sprachen ihn nicht los vom Ungehorsam gegen das Gesetz der Eltern. Daß der Weg in die Jurisprudenz, den ihm die Eltern vorgeschrieben hatten, nicht sein Weg war: daran war er nicht irre geworden. Unmöglich konnte er, gewissermaßen als verlorener Sohn, reumütig zu ihnen zurückkehren und nun doch Jura studieren. Aber daß er mit dem Eintritt ins Kloster vom Gesetz der Eltern nicht losgekommen war, daß er es sich nun in Gestalt der Klosterregel selbst bis zur Verzweiflung antat: das blieb ihm verborgen. Er verspürte es als eine Macht, der er weder entrinnen noch gerecht werden konnte. Sie drückte ihn nieder, aber er konnte sie nicht benennen. Insofern fühlte er sich von einem Dämon der Sprachlosigkeit besessen.

»Wofür wir Worte haben, darüber sind wir auch schon hinaus«, heißt es bei Friedrich Nietzsche.[36] Nicht, daß es uns nicht mehr zu schaffen macht; aber wir sind ihm nicht mehr wehrlos ausgeliefert. Anders gesagt: Die Ausweglosigkeit drängt zum Wort. Und als Luther weder im Kloster noch in der heiligen

36 Friedrich Nietzsche, *Götzen-Dämmerung*, Kritische Studienausgabe (ed. Colli/Montinari), Band 6, dtv, München 1988, S. 128

Schrift geschweige denn draußen im profanen Leben einen Ausweg sah, suchte er um so fieberhafter nach dem Wort, das ihm zeigte, woran er gescheitert war. Er merkte schließlich, daß die paulinischen Briefe ihm dies Wort längst schon dargeboten hatten: Gesetz. Niemand, so Paulus, wird dem Gesetz voll gerecht. Es will erfüllt sein, und zwar ohne jeden Abstrich, aber kein Sterblicher ist dazu imstande. Wenn das aber stimmte, dann war er, der unverstandene, isolierte Bruder Martin, ja gar nicht so allein wie er sich fühlte. *Alle* Menschen waren Schuldner des Gesetzes. Ihm war das nur furchtbar deutlich aufgegangen, weil er das Gesetz auf besonders peinigende Weise erfahren hatte.

Wenn dem aber so war, dann war er im Kloster in einem tieferen Sinn gesetzeskundig geworden als seine Eltern sich träumen ließen. Gerade dort hatte er das Gesetz intensiver studiert als alle Juristen – nicht, indem er Paragraphen lernte, sondern indem er das Gesetz bis auf den Grund durchmachte: bis zur Erfahrung, daß es die Macht ist, an der man nur verzweifeln kann. Das zu bemerken und sich einzugestehen aber war bereits der Schritt über die blanke Verzweiflung hinaus. Nicht nur, weil Eingeständnisse stets etwas Erleichterndes haben, sondern weil ihn sein Eingeständnis wie eine Erleuchtung überkam. Er begriff zwar nicht, warum er die Klosterregel bis zum völligen Burnout hatte erfüllen wollen. Aber das Burnout ließ ihm das Licht der Verallgemeinerung über die Klosterregel aufgehen. Sie erschien ihm unversehens als Muster- und Sonderfall jeglichen Gesetzes: Was bei ihr nicht gelingt, gelingt überhaupt nicht. Kein Gesetz ist voll erfüllbar. Abstrakt gewußt hatte er das auch vorher schon. Doch jetzt hatte er es bis zur Neige erlitten. Erst dadurch war er des Gesetzes ganz inne geworden. Aus dem Burnout war das Licht gekommen. Unversehens gewann sein Desaster das Ansehen eines Privilegs. War er denn bloß ein isolierter, gescheiterter, verworfener Mönch? War er nicht ausersehen, in Gestalt seines kleinen Klosterdramas exemplarisch ein Menschheitsdrama durchzumachen? Erst als ihn dieser beseligende Verdacht beschlich, begann die Depression zu weichen. Der elterliche Alpdruck ließ nach. Er hatte ihn durch Leiden abgegolten. Zwar hatte er das Gesetz nicht erfüllt, aber in entscheidender Hinsicht genug getan, nämlich mehr, als je von den Eltern verlangt. Er war ihnen gehorsamer geworden, als sie wissen konnten und er selbst beabsichtigt hatte. Er hatte sich ihren Forderungen widersetzt und sie dabei mehr als erfüllt. Er war mehr geworden als bloß Jurist. Er war durch das Gesetz »hindurch«.[37]

Luther hat sein Scheitern am Gesetz großartig eingestanden. Aber die Umdeutung dieses Scheiterns in die Ablösesumme vom elterlichen Druck (seht, wieviel habe ich um euretwillen gelitten!): die hat er nie über die Schwelle seines Bewußtseins gelassen. Er hat seinen tiefenseelischen Umschwung theologisch ausgelegt, aber nicht durchschaut. Psychoanalytisch gesprochen: Er hat ihn rationalisiert. Rationalisierungen sind keine Lügen. Sie können die Gestalt ehrlichster Überzeugung annehmen. Aber sie verbergen das Entscheidende. Und so verwundert auch nicht, daß Luther von seiner inneren Wende überrascht, um nicht zu sagen, überwältigt war. Natürlich war *er* es, der sie vollzog – dank eines ungeheuer insistenten und penetranten Eigenwillens. *Er* hatte das Gesetz der Eltern im Klostergesetz versteckt. *Er* hatte das Klostergesetz so durchgemacht und gewendet, daß sich der elterliche Alpdruck zu lösen begann. Aber er durfte sich nicht als Akteur dieser Wende wahrnehmen; hatte er doch den Eindruck, daß sie ihm widerfuhr. Da mußte Höheres im Spiel sein. Seine Widersetzlichkeit gegen die Eltern als höheren, ihren bescheidenen Horizont weit übersteigenden Sohnesgehorsam empfinden: das vermochte er nur, sofern er sich dabei als Sohn eines Höheren fühlen durfte. Und so überkam ihn die Lösung des Alpdrucks wie von ganz oben: als wendete sich Gott ihm direkt zu und nähme ihn in Gnaden als Sohn und Abgesandten an.

Das ist das Psychodrama hinter der von Luther selbst kultivierten Legende, er sei bei seiner Bibellektüre einfach nur

37 »Ich bin hindurch« war später sein Ausruf, nachdem er dem Reichstag zu Worms standgehalten und nicht widerrufen hatte.

vernagelt und begriffsstutzig gewesen, bis Gott ihm eines Tages den wahren Sinn der Paulusbriefe entschleiert habe. Diesen »Sinn« hatte er auch vorher schon erfaßt. Er war ja nicht auf den Kopf gefallen. Er mußte nur erst mürbe genug dafür werden, daß ihn die Worte des Paulus so direkt anzusprechen begannen wie einst die Geschichte vom Kind mit dem sprachlosen Dämon. Als der innere Widerstand, der ihn damals »Ich bins nicht« hatte schreien lassen, erlahmt war, als er sich erneut in den Status eines wehrlosen Kindes zurückversetzt fühlte, war er bereit, sich von Paulus aufrichten zu lassen und fähig, dessen Generalabrechnung mit dem Gesetz als Modell seiner eigenen Abrechnung zu entdecken.

Dabei hatte Paulus unter ganz andern Bedingungen gelebt. Das Gesetz, in dessen Kraftfeld er aufgewachsen war, war natürlich das mosaische, die Thora. Doch als er dazu in einigen Briefen Stellung bezog, war er schon Heidenapostel. Da verstand er unter dem Gesetz mehr als bloß die Thora: nämlich das in christlichem Geist wieder »aufgerichtete«[38], von gewissen jüdischen Beschränktheiten wie etwa der Beschneidung und der Verweigerung der Tischgemeinschaft mit Nichtjuden geläuterte »Gesetz überhaupt«. Gelegentlich mutet es wie das stoische Naturrecht an, mit dem Paulus in seiner Heimatstadt Tarsus, einem Zentrum der griechischen Philosophie seiner Zeit, durchaus Bekanntschaft gemacht haben dürfte. Aber es ist damit nicht identisch, eher so etwas wie eine Idealthora, woran alle Sitten und Gebräuche zivilisierter Gemeinwesen lediglich teilhaben, namentlich das römische Recht, an das Paulus später als römischer Bürger ausdrücklich appellierte, um von römischen Schergen nicht ausgepeitscht zu werden.[39]

Im Licht des paulinischen Gesetzes erschien Luther das Klostergesetz neu. Nicht, daß er es nun als das anonymisierte Gesetz der Eltern durchschaut hätte. Wohl aber begann er es als Prototyp

38 Römer 3,31

39 Apostelgeschichte 22,25 ff.

aller kirchlichen Satzungen zu erahnen. Wenn er damit aber richtig lag, reichte dann das »Gesetz überhaupt« nicht viel weiter als von Paulus selbst gedacht? War nicht die ganze Kirche unters Gesetz geraten? Das war kein sehr origineller Verdacht. Dennoch zündete er. Er bot für die ungeheuren kirchlichen Mißstände des frühen 16. Jahrhunderts einen gemeinsamen Nenner. Er machte verständlich, daß seit Paulus nichts besser geworden war. Die »falschen Apostel«, die dieser im Galaterbrief bekämpft hatte, waren mehr denn je obenauf. Sie prägten die Kirche. »Sie wird ja durch so viel Erlasse, Gesetze und Vorschriften – lauter Martern, die fast kein Ende nehmen wollen –, zu Tode gequält und weit grausamer als zur Zeit der Märtyrer von Folterknechten zugrunde gerichtet. Und diese Seelenverderbnisse bereiten den Päpsten nicht die geringste Anfechtung.«[40] So Luther im ersten Galaterbriefkommentar, der zwar erst 1519 herauskam, jedoch auf eine Vorlesung von 1516 zurückgeht. Schon deren Tenor aber war: Ständig heckt die Kirche neue Gesetze aus, und je dreister sie das tut, desto deutlicher macht sie, was Gesetze an sich sind: selbstherrliche »Menschensatzung«.

Luther hatte sie am eigenen Leibe kennengelernt. Das Gesetz seiner Eltern war selbstherrlich. Was maßten sie sich an, ihm ein Jurastudium aufzudrängen? Er selbst war selbstherrlich gewesen. Was maßte er sich an, anstelle ihres Willens die Klosterregel zu erfüllen? Die ganze Kirche aber war eine Selbstherrlichkeitsanstalt. Sie maßte sich im Namen Christi lauter Gesetze an, die nicht durch ihn beglaubigt waren. Ihre Urkorruption war aber nicht, daß sie sich an ihre eigenen Gesetze nicht hielt. Die Urkorruption waren die Gesetze selbst samt dem Glauben an ihre Erfüllbarkeit. Das widergöttliche Begehren schlechthin war das Trachten nach Selbstherrlichkeit durch akribische Gesetzeserfüllung. Die absichtliche Gesetzesübertretung, die eigensüchtige

40 Martin Luther, *Kommentar zum Galaterbrief*, 1519, Calwer Luther-Ausgabe, Band 10, Siebenstern, München und Hamburg 1968, S. 16f. Weitere Seitenzahlen im Text.

Triebbefriedigung, die Gaunerei, der Schlendrian: das war bloß der Abschaum der Korruption, nicht ihr Nerv.

Paulus hatte im Galaterbrief vom Gesetz als den »väterlichen Überlieferungen« gesprochen, für die er in seiner Zeit als Pharisäer maßlos »geeifert« hätte.[41] Ähnlich hatte Luther in seiner Klosterzeit für das Gesetz der Eltern geeifert. Deshalb flog er so auf die Formel von den väterlichen Überlieferungen. Darin konnte sein eigenes Gesetz der Eltern untertauchen, ohne ihm als die Matrix seiner Theologie kenntlich zu werden. Seine Eltern hatten auf den Kredit eines sakralen Gebots (»ehre Vater und Mutter«) von ihm verlangt, sich der »Menschensatzung« schlechthin, nämlich der profanen Jurisprudenz, zu unterwerfen. Damit hatten sie die sakrale Form zur Phrase, zum Hohlraum für profane Füllungen entleert, und genau nach diesem Muster verfuhr nun er, der Sohn, als er das gesamte Alte Testament, selbst seine höchsten Gebote zu bloß von Menschen gemachter väterlicher Überlieferung herabsetzte. »Ich bin aber kühn genug, zu glauben, daß Paulus das ganze Gesetz Moses darunter verstehe.« (45 f.) »Das Gesetz, und zwar nicht nur das Zeremonialgesetz, sondern auch das Moralgesetz, endlich selbst die allerheiligsten zehn Gebote, die ewigen Gebote Gottes, ist Buchstabe und Buchstaben-Überlieferung und macht weder lebendig noch gerecht«. (46 f.)

»Buchstabe« hieß so viel wie von Menschen gemachtes, hohles Zeichen, das semantisch tot ist, solange der Geist der Bedeutung es nicht beatmet. Und es ist sehr fraglich, ob Paulus wirklich behauptet hat, die zehn Gebote seien schon von sich aus, nicht erst durch falschen menschlichen Umgang mit ihnen, lediglich tote Buchstaben. Aber Luther legt es sich so zurecht. Für seine eigene Abrechnung mit dem Gesetz braucht er den Apostel als Fürsprecher. Dessen Gesetzesbegriff stülpt er wie eine Tarnkappe über sein eigenes Gesetz der Eltern – und fühlt sich dann durch Paulus darin bestärkt, daß dort, wo mit dem Gesetz wirklich

41 Galater 1,14 f.

abgerechnet wird, der *Geist* des Gesetzes waltet. Dieser Geist aber, das ist der Glaube. Er ist das Licht, das den am Gesetz Verzweifelten über das Gesetz aufgeht. Ohne Glauben »bleibt alle Unterweisung aller Lehrer buchstabenmäßige und ›väterliche Überlieferung‹. Denn das Gebot lehrt, was alles zu tun wäre. Da dies aber unmöglich zu verwirklichen ist, zeigt die Lehre vom Glauben (d. h. das Evangelium), auf welche Weise die Verwirklichung möglich wird. Denn der Glaube lehrt zur Gnade Gottes sich flüchten und Gott selbst als den Meister und Lehrer anflehen: Er möge mit dem Finger seines Geistes in unsere Herzen seine lebendigen und leuchtenden und flammenden Buchstaben schreiben, durch die wir erleuchtet und entzündet werden, daß wir rufen: ›Abba, lieber Vater‹ (Röm 8,15). Und diese Unterweisung ist dann keine ›väterliche‹, sondern eine göttliche.« (47 f.) Der hohe Ton dieser Worte täuscht leicht über die Magerkeit ihres Inhalts hinweg. Die »göttliche Unterweisung« befähigt trotz aller flammenden Geistesschrift nicht etwa zur realen Erfüllung der Gesetze, sondern versetzt lediglich in die Lage, Gott um eine Erleuchtung anzuflehen, die ihn als »lieben Vater« anrufen lehrt. Gnade ist ein Wortgeschehen – aber als leere Endlosschleife. Der wahrhaft Gläubige fleht, um anrufen zu können. Man könnte ebensogut sagen, er ruft an, um flehen zu können. Flehen und Anrufen kreisen tautologisch umeinander.

Wenn Hominiden oder Kinder sprechen lernen, sind ihre ersten Worte anrufend, flehend, beschwörend, und es sind immer wieder die gleichen. Nur durch Wiederholung werden sie wirksam und geläufig. Vokativ und Tautologie gehören zur Elementardimension der Sprache. Wenn Luther wieder ungetrübt »Abba, lieber Vater« rufen lernen wollte, dann wollte er im Scheitern noch einmal neu anfangen. Für Erwachsene ist bloßes Flehen der Tiefpunkt, auf dem sie alles Verhandlungsgeschick und alle Würde fahren lassen. Für Kinder ist es der Beginn sprachlicher Artikulation. Wenn sie »Mama« sagen, identifizieren sie nicht nur eine Person; sie rufen sie zugleich als Schutzmacht an. An diesen Tief- und Wendepunkt, wo der Erwachsene wieder ganz

Kind wird und neu sprechen lernt, drängte es Luther zurück. Er mußte die Situation der kindlichen Wortgewinnung noch einmal durchleben, nun aber als höhere Adoption, die ihn befähigte, über das »Ich bins nicht«, in das der sprachlose Dämon ihn gebannt hatte, hinauszugelangen zu einem »Ich bins«: Ich bin der am Gesetz Gescheiterte, Ohnmächtige, Hilflose; aber auch: Ich bin der Begnadete. Es war dies doppelte »Ich bins«, das Ineinanderfallen von erleichterndem Geständnis und Adoptionsphantasie, was den sprachlosen Dämon weichen ließ und Luther die Worte schenkte, nach denen er so inständig gesucht hatte – paulinische Worte, die er eigentlich längst kannte, die ihn nun aber aus tiefer Depression erhoben.

Die Gnade war ein Wortfindungsglück. Sie verschaffte Luther zwar nicht die Fähigkeit zur vollständigen Gesetzeserfüllung, wohl aber Worte für seine Unfähigkeit dazu – Worte, die ihm trotz seines Ungenügens allerhöchste Rechtfertigung suggerierten und sich wie theologischer Balsam auf seine von einem langen vergeblichen Entschuldungsversuch gebeutelte Seele legten. Nur eines durften sie ihm nicht offenbaren: daß *er* es war, der sich zu ihnen emporgearbeitet, das Gesetz bis zur Neige durchlitten und die Forderungen seiner Eltern durch den Tribut seiner klösterlichen Passionsgeschichte mehr als beglichen hatte. Das daraus entstehende Hochgefühl mußte er einem Höheren zurechnen, um nicht gewahr zu werden, daß es *sein* Werk war. Die Regression zum »Abba, lieber Vater« verbarg ihm gnädig diese Einsicht und öffnete seiner großen Begabung für elementares Sprechen zugleich die Schleuse.

Aber nicht mit einem Mal. Luthers eigene Sprache mußte selbst erst laufen lernen, und sie tat es am Gängelband der Paulus-Briefe. Im Rückblick hat er seinen »Durchbruch« der Mönchsklausur zugeordnet, wo nach langem verzweifeltem Brüten über den Paulus-Briefen schließlich die Erleuchtung über ihn gekommen sei. Aber Ort und Zeit gibt er nicht an. Es dürfte sich ihm in der Erinnerung zu einem Ereignis verdichtet haben, was tatsächlich in Schüben geschah: die allmähliche Überwindung einer

Sprachhemmung. Luther hat etwas davon geahnt, als er später einmal beiläufig bemerkte, der heilige Geist habe sich ihm »auf der Kloake« mitgeteilt.[42] Zeitlebens hat er an physischer Verstopfung laboriert – und sehr wohl die vegetative Dimension der Sprache verspürt. Sprache ist ja nicht nur Kopfgeburt. Sie geht aus dem ganzen Menschen hervor. Sein Stoffwechsel vibriert in ihr mit – und leidet mit, wenn sie kein Ventil findet. Luthers »sprachloser Dämon« lastete schwer auf seiner Verdauung. Sehr glaubwürdig, daß er die Überwindung dieses Dämons im Rückblick mit einem befreienden Stuhlgang assoziiert hat, der seiner Neigung zu Fäkalausdrücken zudem eine höhere Rechtfertigung zu geben schien. Das Finden eines ganz persönlichen Entschuldungswegs und das Vordringen zu einer eigenen Sprache sind bei Luther jedenfalls eins. Aber sie sind nichts, was nur durch göttliche Gnade verständlich würde, wie zwei Paradefälle der deutschen Literaturgeschichte schlagartig deutlich machen.

Bei dem Pastorensohn Friedrich Nietzsche deutete nahezu alles auf eine große Theologenkarriere hin: das Andenken des früh verstorbenen Vaters; der Wunsch der Mutter, die ihrerseits Pastorentochter war; die Erwartung ihrer Brüder, die ebenfalls mehrheitlich ins Pfarramt gegangen waren. Und der hochsensible und begabte Klassenprimus im angesehenen Internat Schulpforta schien sich geradlinig auf das ihm Zubestimmte zuzubewegen. Die Mutter weinte, die Verwandten schluckten, als er nach glanzvoll bestandenem Abitur alsbald von der Theologie zur Altphilologie wechselte, doch sein fulminanter Studienerfolg überblendete alle Enttäuschungen. 25jährig wurde Nietzsche ohne Studienabschluß, allein durch die Empfehlung seines Lehrers Friedrich Ritschl, Professor in Basel. Gewissenhaft widmete er sich seinen Amtsverpflichtungen, aber er ertrug sie nicht. Er versuchte seine Auffassung vom Ursprung der griechischen Tragödie in die Form eines akademischen Traktats zu pressen und

42 Cf. Heiko A. Oberman, *Luther. Mensch zwischen Gott und Teufel*, Severin und Siedler, Berlin 1982, S. 163

machte sich damit in der Altphilologenzunft unmöglich. Er hielt Vorträge und Vorlesungen vor staunenden Studenten, denen seine Ausführungen gleichwohl fern blieben. Seine schriftlichen Aufzeichnungen paßten nicht in die akademischen Publikationsformate. Seine Krankheiten nahmen zu. Im Alter von 33 Jahren war er am Ende. Er hatte die enttäuschten Pastorenerwartungen altphilologisch übererfüllen wollen und dabei das Gesetz der Eltern, das sich in seinem Fall zum Gesetz der Universität anonymisiert hatte, bis zur Dienstunfähigkeit durchlitten. Erst als er sich das eingestand, kam die Wende. Die Unfähigkeit zum Universitätsdienst trieb ihn auf Reisen, auf die ständige Suche nach Orten und Klimata, die ihm dauerhafte Genesung versprachen. Seine intellektuelle Nomadenexistenz begann. Sie erst gestattete ihm, sich den Schüben seines Denkens zu überlassen, ohne sie länger an die Kandare des Traktats, der Monographie oder sozialer Rücksichten legen zu müssen. Tausende von Fragmenten und Aphorismen brachen nun aus ihm hervor, die meisten von schneidender Schärfe, strahlender Klarheit oder zwielichtig funkelnder Eleganz. Sie trieben eine bildgesättigte bürgerliche Umgangssprache bis in die Tiefen der philosophischen Spekulation hinein und durchdrangen dabei Philosophie, Geschichte, Literatur, Kunst, Musik mit einem Irritationspotential, wie es die europäische Kultur noch nicht erlebt hatte.

Der Erbe eines aufstrebenden Konfektionswarengeschäfts am Prager Ring, Franz Kafka, war unfähig, das Erbe anzutreten, aber auch unfähig, die elterliche Wohnung zu verlassen. Er verkroch sich zum Verdruß seines Vaters in die Literatur, verdiente sich ein bescheidenes Gehalt als Jurist einer Unfallversicherung, verkehrte mit Schauspielern und Schriftstellern, die sein Vater verachtete, und blickte auf seine unablässigen Schreibversuche mit einem gnadenlosen Blick, als sei es der Vater selbst, der darauf schaute. Erst als er sich eingestand, daß er dem Vater durch Schreiben statt durch Geschäftsführung niemals gerecht werden würde, kam die Wende. Er nahm das vernichtende väterliche Urteil über seine Literatur an – aber in literarischer Form. Es entstand *Das Urteil*, eine Erzählung vom Sohn, der das Geschäft übernommen, den Vater aufs Altenteil abgeschoben hat und unversehens erleben muß, wie dieser weit mehr Kraft und Durchblick hat als er, sich gegen ihn erhebt und ihn derart zum »Tod durch Ertrinken« verurteilt, daß er nicht anders kann, als dieses Urteil selbst zu vollstrecken und sich von der Brücke in den Fluß zu stürzen. Diese Erzählung schrieb Kafka in einer einzigen Nacht wie im Rausch und hatte nichts mehr an ihr zu korrigieren.[43] Jäh war sie aus ihm hervorgebrochen, fand die Gnade vor seinen Augen, die er vom Blick des Vaters vergeblich ersehnt hatte, und setzte neue literarische Maßstäbe: am Indifferenzpunkt von Wachheit, Traum und Rausch, wo hohe Detailgenauigkeit und gleichzeitige Verborgenheit plausibler Motive und Hintergründe undurchdringliche, beklemmende Szenen erzeugen, in denen jeder Fortgang der Handlung ebenso folgerichtig wie absurd erscheint.

Die Durchbrüche Kafkas und Nietzsches haben der deutschen Sprache nicht minder neue Dimensionen erobert als der Luthersche. Nur fand Luthers Durchbruch in einer einzigartigen historischen Umbruchssituation statt, die ihm eine beispiellose Hebelwirkung verschaffte. Die literarische Hochsprache war noch im Entstehen und ihr kongeniales Medium, der Buchdruck, gerade erst erfunden. Jenes Bürgertum, das der Hauptabnehmer gedruckter Schriften sein würde, formierte sich erst, ebenso wie die landesherrlichen Regime, die ihre Macht nicht mehr auf feudale Rittergefolgschaften stützten, sondern auf käufliche Söldner, und ihre Eigenständigkeit gegenüber Kaiser und Reich durch unmäßige Prachtentfaltung demonstrierten.

43 Cf. Reiner Stach, *Kafka. Die Jahre der Entscheidungen*, Fischer, Frankfurt am Main 2002, S. 115 ff.

Der Ablaß

Der Pracht- und Söldnerbedarf hatte auch vor der Kurie nicht Halt gemacht und selbst sie in die allgemeine Verschuldung der herrschenden Mächte hineingezogen. Um so angelegentlicher zelebrierte sie das Jubiläumsjahr. Als Bonifaz VIII. im Jahr 1300 den ersten Jubiläumsablaß ausgeschrieben hatte, waren dessen Einkünfte noch ein willkommener Zusatz. Zwei Jahrhunderte später waren sie fast schon eine ökonomische Notwendigkeit. Julius II. widmete den Jubiläumsablaß dem Bau der Peterskirche. Sein Nachfolger Leo X. ließ den Ablaß weiter laufen. Zahlungsfähige Pilger nach Rom konnten nach wie vor in seinen Genuß kommen. Dabei hatte der Ablaß (lateinisch: *indulgentia*, wörtlich: »Nachsicht«) ursprünglich mit Zahlung gar nichts zu tun. Er war eigentlich bloß eine Barmherzigkeitsmaßnahme in besonderen Fällen. Wer im Sterben lag und zum Abbüßen bestimmter »zeitlicher« Strafen nicht mehr die Zeit hatte – warum sollte der sie nicht erlassen bekommen? Und warum sollte es solchen Ablaß ausschließlich aus Not geben und nicht gelegentlich auch aus feierlichem Überschwang, etwa an hohen kirchlichen Festtagen? Sterbe- und Festablaß begannen sich einzuspielen. Um plausibel zu machen, daß sie zu Recht bestanden und nicht jeder einzelne Strafnachlaß noch einmal eigens göttlicher Bewilligung bedurfte, hatte die Theologie allerdings eine dubiose Lehre vom Gnadenschatz entwickelt, den Christus und die Heiligen durch ihre zahllosen guten Taten angeblich aufgehäuft haben. Diesen Schatz sollten der Stellvertreter Christi und eigens von ihm Beauftragte in besonderen Fällen anzapfen können und Strafen erlassen dürfen, die normalerweise brav abzubüßen gewesen wären. Ablaß war also das gerade Gegenteil von Kollekte: eine Barmherzigkeitsreserve zur bargeldlosen Austeilung an Bedürftige, und nicht Bargeld, das von ihnen erhoben wurde.

Zum Mittel des *fundraising* wurde der Ablaß erst im Zeitalter des großen Kirchenbaus. Überall, wo Dome und Kathedralen entstanden, mußten Bauhütten unterhalten werden. Dazu reichte die herkömmliche Naturalwirtschaft nicht aus. Bauleute waren hochqualifizierte, oft weit gereiste Handwerker und Architekten. Sie bloß mit den nötigsten Lebensmitteln versorgen genügte nicht. Man mußte sie mit Gratifikationen am Ort und bei Laune halten, wenn der Bau voranschreiten sollte. Klingende Münze wurde unerläßlich und zog ihrerseits von nah und fern Waren an. Die großen Sakralbaustellen wurden zu Handelszentren. Der neue Geldbedarf inspirierte auch die theologische Lehre von der *commutatio*. Sie erklärte den Papst für befugt, Bußstrafen in Sachleistungen zu verwandeln – und war um Argumente nicht verlegen. Warum sollten Bußstrafen immer nur in Gebeten und leidvollem Verzicht bestehen? Konnten sie nicht in den Dienst der Gemeinde treten, als Geldbeträge für die Armen, für die Errichtung von Gotteshäusern, für die Bestellung von Fürbittern, die Messen für die Seelen möglicherweise im Fegefeuer schmachtender Verstorbener lasen, oder für die Ausstattung von Kreuzfahrern ins heilige Land? Waren solche Gaben, die andern zugute kamen, der Christenheit nicht viel zuträglicher als private Selbstkasteiungen? Und konnten sie nicht genauso aus echter Herzensreue fließen?

Mit solchen Tönen schmeichelte sich die *commutatio* in die Herzen der Gläubigen ein, zumal in die der Reichen. Denn auch der Reuigste unter ihnen mußte zugeben, daß es ungleich komfortabler war, zu zahlen als zu fasten oder auf Knien umherzurutschen. Wer also über Geld verfügte, genoß damit zugleich das Privileg einer Wahl, die wenig mit Reue, aber viel mit Kalkül zu tun hatte – und Umrechnungstabellen nötig machte. Ein von Amts wegen zur *commutatio* befugter Papst mußte auch sagen können, wieviel Geld welche Fasten- und Enthaltsamkeitskuren, Gebetsübungen und Wallfahrten denn wert waren. Damit zogen Buchführung und Münzen in die Gnadenlehre ein. Zwar galt weiterhin: Nur Herzensreue kann zur Vergebung führen, und keine noch so üppige Zahlung bürgt für ein zerknirschtes Herz. Aber wenn Zahlungen tatsächlich aus zerknirschtem Herzen flossen, konnten sie Gott nicht unwillkommen sein – zwar seine Gnade nicht erwirken, aber womöglich dazu beitragen, daß er sie nicht vorenthielt. Sie hatten einen unkalkulierbaren Mitwirkungseffekt, und den kalkulierte die Lehre von der *commutatio* ein.

Ohne den zum *fundraising* pervertierten Ablaß, der aus der Angst vor der ewigen Verdammnis ein einträgliches Geschäft zu machen wußte, wäre *nicht eine* der wunderbaren großen Kathedralen des Mittelalters entstanden. Aber keiner der Reformatoren nahm daran Anstoß. Einige (etwa Karlstadt, Zwingli, Calvin) wollten zwar, daß alle Heiligenbilder aus den Kirchen verschwinden. Aber die Gebäude selbst waren ihnen als Resonanzkörper der reformatorischen Predigt höchst willkommen. Sie als Produkte der Ablaßmentalität zu verwerfen, kam ihnen nicht in den Sinn. Was Luther aktiv werden ließ, war erst ein zusätzlicher Umbruch in dieser Mentalität: als nicht mehr nur den Pilgern nach Rom Ablaß gegen Geld gewährt wurde, sondern der Jubiläumsablaß *on tour* ging – in Gestalt des Dominikanermönchs Tetzel, der ganz Oberdeutschland mit Ablaßbriefen der Kurie bereiste. Durch ihren Erwerb sollte man sich selbst oder die Seele Verstorbener von Sünden freikaufen können – ohne Umweg über die Reue. Das war ein offener Bruch mit der katholischen Ablaßlehre – im Auftrag der Kurie. Sie brauchte Geld – nicht nur für den Weiterbau am Petersdom. Sie war generell hoch verschuldet. Zu den Fuggern, die in Rom selbstverständlich eine Niederlassung hatten, gingen zum Beispiel im Jahr 1509 die gesamten Einkünfte aus dem Jubiläumsablaß. Dort wurde wenig später auch das Dreiecksgeschäft mit Albrecht von Magdeburg eingefädelt. Dieser hatte der Kurie für seine Ernennung zum Mainzer Erzbischof 30.000 Dukaten zahlen müssen und sich das meiste davon bei den Fuggern geborgt, vermochte es aber aus seinen regelmäßigen Einkünften nicht zurückzuerstatten. »Deshalb erlangte er von Papst Leo X. gegen Entrichtung weiterer 10.000 Dukaten für Sachsen und andere Theile Deutschlands das General-Commissariat des von dem Papste ausgeschriebenen Jubel-Ablasses.« »Mit dem Ablassprediger Tetzel reiste stets ein Vertreter des Fugger, der einen Schlüssel zum Ablasskasten in Händen hatte. War dieser voll, so wurde er im Beisein des Fuggerschen Agenten geöffnet, letzterem der ganze Inhalt zugezählt«. »Die Hälfte des Erlöses wurde [...] an die Curie ausgezahlt, die andere Hälfte dagegen als Tilgungsrate der Forderung an Erzbischof Albrecht verwendet. So sah das Geschäft aus, welches den Anstoss zur Kirchenreformation gegeben hat.«[44]

Luther überblickte nicht alle Winkelzüge dieses Dreiecksgeschäfts. Um so mehr beschäftigten ihn die theologischen Folgen. Was tun, wenn Käufer von Ablaßbriefen überhaupt nicht mehr zu ihm in den Beichtstuhl kamen, oder nur noch, um sich ohne jede Reuebezeigung von ihren Sünden lossprechen zu lassen? Sprach er sie nicht los, so widersetzte er sich einer päpstlichen Anordnung. Ließ er den Ablaßhandel aber geschehen, trug er dann nicht zur Verdammnis der Betreffenden bei? Denn wie sollte ohne Herzensreue Vergebung möglich sein? Aus diesem Gewissenskonflikt gingen die 95 Thesen hervor. Sie waren eine Flucht nach vorn: in die theologische Öffentlichkeit der Disputation. Sie warben um kollegialen Beistand gegen die theologische und seelsorgerliche Zumutung der Ablaßbriefe. Entsprechend moderat war ihr Ton. »Als unser Gott und Herr Jesus Christus sagte: Tut Buße usw., da wollte er, daß das ganze Leben der Gläubigen eine Buße sei« (These 1).[45] Das war allenfalls eine Quintessenz der vielen Bußpredigten, die seit dem großen Kirchenbau die Kurie wieder auf den Weg zurück zu Demut und Armut hatten bewegen wollen, aber kein Paukenschlag. Nicht einmal die Lehre vom Gnadenschatz greift Luther frontal an. Er deutet sie lediglich um. »Der wahre Schatz der Kirche ist das allerheiligste Evangelium der Herrlichkeit und Gnade Gottes« (These 62) – zwar keine überirdische Kapitalanlage guter Taten, aber doch

44 Richard Ehrenberg, *Das Zeitalter der Fugger. Geldkapital und Creditwirthschaft im 16. Jahrhundert*, Band I, Fischer, Jena 1896, S. 99

45 Martin Luther, *Die 95 Thesen*, in: derselbe, Ausgewählte Schriften, Askanischer Verlag, Berlin 1916, S. 5 ff.

ein von Gott angelegter Schatz. Luther sagt sogar: »Wer gegen die Wahrheit der päpstlichen Ablässe redet, der sei verbannt und verflucht« (These 71), fügt allerdings hinzu: »Wer aber gegen den Mutwillen und den Übermut der Worte des Ablaßhändlers auftritt, der sei gesegnet« (These 72). Das war der Versuch, zwischen Papst und Ablaßhändler einen Keil zu treiben. Luther unterstellt gar, »daß, wenn der Papst den Schacher der Ablaßprediger wüßte, er lieber St. Petri Dom in Asche zerfallen, als ihn aus Haut, Fleisch und Knochen seiner Schafe aufbauen sähe« (These 50). Glaubte er das ernstlich? Zumindest hoffte er, gegen die Ablaßbriefe Partei nehmen zu können, ohne sich päpstlichen Anordnungen widersetzen zu müssen.

»Buße ist besser als Ablaß«, hatte schon 1452 der Augustiner Gottschalk Hollen gesagt.[46] Das war auch der Tenor von Luthers 95 Thesen. Sie prangerten nicht »den Ablaß« an, sondern seinen Mißbrauch zweiten Grades: die Aushebelung der Reue. Sie klangen durchaus so, als würden sie sich mit der Abstellung dieses Mißbrauchs erledigen. Es waren die Gegner Luthers, die diese Thesen hochschaukelten, sie der Häresie beschuldigten und nach Rom lancierten. Dort ging es nicht mehr darum, ob Vergebung ohne Herzensreue möglich sei, sondern um kirchliche Hierarchie. Ein einfacher Mönch hatte einem päpstlichen Dekret widersprochen. Hatte er damit nicht die Schlüsselgewalt des Papstes verneint, die Christus einst Petrus vermacht hatte? Unversehens standen die Grundlagen der Kirche zur Debatte. War ihr »Fels« das Petrusamt, also das Papsttum? Waren ihm auch die Schlüssel zum rechten Verständnis der heiligen Schrift anvertraut? Oder war die Schrift der Fels und der Papst nur ihr vornehmster Interpret? In kurzer Zeit spitzte sich der Ablaßstreit auf diese Grundsatzfrage zu. Der päpstliche Legat Cajetan verhörte Luther in Augsburg und verlangte von ihm die Anerkennung der päpstlichen Schlüsselgewalt. Vergeblich. Bei der Leipziger Disputation provozierte ihn der Theologe Johannes

46 Heiko A. Oberman, *Luther. Mensch zwischen Gott und Teufel*, l. c., S. 81

Eck dazu, nicht nur den Papst, sondern auch die kirchlichen Konzilien für fehlbar zu erklären und die christliche Lehre allein auf die Bibel zu gründen. Er wurde nunmehr wahrgenommen, als sei er ein Anhänger von Jan Hus, und er begann sich auf diese Rolle mit allen Konsequenzen einzustellen.

Nun ging es Schlag auf Schlag. Aus Rom kam die Bannandrohungsbulle. Luther verbrannte sie öffentlich in Wittenberg. Darauf kam die Bannbulle. Sie schloß ihn aus der Christenheit aus. Damit war auch seine Überstellung an die weltliche Macht und die Verhängung der Reichsacht über ihn fällig. Luther wurde vor den Reichstag zu Worms geladen, um seine Lehre dort gegen den Vorwurf der Häresie zu verteidigen. Als er eintrat, verlangte man jedoch von ihm nur, seine Schriften, die man vor ihm aufgestapelt hatte, zu widerrufen. Er war überrascht und unfähig, sich sogleich zu entscheiden. Man gab ihm einen Tag Bedenkzeit. Und dann trug er das berühmte Statement vor, dessen Schlußsätze ihm Weltruhm verschaffen sollten: Er sei »überwunden durch die Schriften« und »gefangen im Gewissen an dem Wort Gottes«. »Deshalb mag und will ich nicht widerrufen, weil wider das Gewissen zu handeln beschwerlich, unheilsam und ferlich [gefährlich, fahrlässig] ist. Gott helfe mir! Amen.«[47] Die Schlußworte »Ich kann nicht anders; hier stehe ich. Gott helfe mir. Amen« stammen von den Redakteuren, die den Redetext zum Druck brachten, nicht von Luther selbst. Der saß, als sich die Rede wie ein Lauffeuer durch Deutschland verbreitete, schon inkognito auf der Wartburg.

Luther hatte nicht wissen können, daß der Reichstag sich tatsächlich an das ihm zugesicherte freie Geleit halten würde. Noch weniger konnte er die ihm bevorstehende »Entführung« auf die Wartburg ahnen. Es hätte ganz so ausgehen können wie ein Jahrhundert zuvor bei Hus: daß man ihn einbehielt, dem päpstlichen

47 Martin Luther, *Rede auf dem Reichstag zu Worms*, zitiert nach Heinz Schilling, *Martin Luther. Rebell in einer Zeit des Umbruchs,* C. H. Beck, München ^{3}2014, S. 222

Bann gegen ihn die kaiserliche Reichsacht hinzufügte und ihn hinrichtete. Luther wußte das. Er war zum Martyrium bereit. Der Rausch der Erwähltheit beflügelte ihn zu einem ungeheuren Mut. Wie klein und unscheinbar hatte dieser Rausch doch wenige Jahre zuvor angefangen, als Luther auf dem Tiefpunkt seiner Depression das lösende Gefühl eines höheren Angenommenseins zu verspüren begann. Tetzels Ablaßtour war die erste Bewährungsprobe des neuen Gefühls, und statt es zu ersticken, fachte sie es mit jeder Wendung, die der Ablaßstreit nahm, weiter an. Waren Ablaßbriefe, mit denen man sich und andere ohne jeden Reueerweis von Sünden loskaufen konnte, nicht die niedrigste Form jener Menschensatzung, die Luther in Gestalt des Klostergesetzes bis zur Verzweiflung durchgemacht hatte? Er war gerade über seinen Tiefpunkt hinweggekommen, da gelangte die Kirche an ihrem an. Er hatte erfahren, was ein Tiefpunkt ist. Nie wieder, war sein Impuls. Die Ablaßbriefe versetzten ihn in den *status confessionis.* Entweder er erklärte sich gegen sie oder er verlor das gerade erst aufkeimende Hochgefühl des Glaubens und verfiel erneut der Menschensatzung, diesmal allerdings ihrer korruptesten Form.

Wenn es ein Dämon gewesen war, der ihn zur zwanghaften Erfüllung des Klostergesetzes verleitet hatte, dann waren Ablaßbriefe, die eine Sündenvergebung ohne Reuebezeugung suggerierten, erst recht des Teufels. Dessen war sich Luther sicher. Nur daß diese Briefe tatsächlich päpstlicher Wille waren: dieser Einsicht versuchte er noch auszuweichen. Seine 95 Thesen appellierten an den Papst gegen die Ablaßprediger. Seinen *Sermon von Ablaß und Gnade* von 1518 widmete er untertänigst Leo X. und unterwarf ihn seinem allerhöchsten Urteil, als könnte er ihn damit umstimmen. Erst ein Jahr später zeigte er sich fest davon überzeugt, »dass das Papsttum der Sitz des wahren und leibhaftigen Antichrist ist, gegen dessen Lug und Trug uns um des Heils der Seelen willen unserer Meinung nach alles erlaubt ist«.[48]

48 Martin Luther, *Brief an Johannes Lang* vom 18.8.1519, zitiert nach Heinz Schilling, l. c., S. 175

Und die Verbrennung der Bannandrohungsbulle besiegelte diese Überzeugung. Luther war in diesem Punkt nun so weit wie Wyclif zwei Jahrhunderte früher.

Aber daß es überhaupt so weit kommen konnte: daran hatten zwei Bundesgenossen mitgewirkt, deren Rolle Luther zeitlebens unterbelichtet ließ. Da war sein Landesherr, der Kurfürst Friedrich (der Weise). Der ließ Tetzel erst gar nicht nach Wittenberg hinein. Seine Untertanen sollten statt Ablaßbriefen gefälligst die Reliquien kaufen, die er selbst zu Tausenden in seinem Fürstenschatz angehäuft hatte. Der päpstliche Ablaßtourismus machte ihm eine beträchtliche Einnahmequelle streitig. Jemand, der die theologische Öffentlichkeit gegen den Ablaßhandel aufrief, kam ihm daher gerade recht. Nicht, daß der reliquienbesessene Fürst sich Luthers theologische Einstellung zu eigen gemacht hätte. Aber sie unterstützte auf unverhoffte Weise sein kurfürstliches Bestreben, sein Territorium so unabhängig wie möglich zu machen – von der Kurie ebenso wie von Kaiser und Reich. Friedrich war einer der Pioniere eines sprichwörtlichen landesherrlichen Absolutismus – absolut heißt losgelöst –, und Luther entwickelte sich in diesem Spiel zu einer Schlüsselfigur für ihn. Wie weit seine Bereitschaft, ihn in Schutz zu nehmen, eines Tages gehen würde – so weit, daß er ihn bei seiner Rückreise aus Worms auf die Wartburg entführen ließ, um ihn der Vollstrekkung der Reichsacht zu entziehen, die doch für einen Kurfürsten höchstes bindendes Gesetz war –, das sah anfangs freilich niemand voraus. Luther lebte zunächst in der berechtigten Sorge, den landesherrlichen Schutz jederzeit verlieren zu können. Und dann wäre alles sehr schnell auf seine Gefangennahme und Hinrichtung hinausgelaufen.

Doch je mehr der Ablaßstreit sich hochschaukelte, desto mehr hatte Friedrich Anlaß, über den Mönch seine Hand zu halten. Denn da war noch etwas, was diesen mehr und mehr in die Rolle einer Schlüsselfigur hineinmanövrierte – eine Macht, über die auch ein Landesfürst nicht einfach verfügen konnte: der Buchdruck. Die 95 Thesen entfalteten ihre enorme Wirkung nicht, weil sie an der Wittenberger Schloßkirchentür hingen, sondern weil sie gedruckt wurden. Andernfalls wären sie schwerlich bis nach Rom vorgedrungen. Die Gegenthesen, die Tetzel für eine Disputation in Frankfurt an der Oder formulieren ließ, wurden ebenfalls gedruckt. Und plötzlich war für theologische Streitfragen eine neue Form von Öffentlichkeit da. Niemand hatte sie eingerichtet. Sie stellte sich durch den Umlauf gedruckter Flugblätter her. Diese Öffentlichkeit vervielfachte sich, als die neuen theologischen Druckwerke von Latein in die Landessprache überwechselten. Luthers *Sermon von Ablaß und Gnade* glich einer Initialzündung. Er war nicht nur Theologen zugänglich, sondern allen, die lesen konnten, auch den bürgerlichen Laien. Und erst als Luther in letzteren die neuen hoffnungsvollen Adressaten seiner Theologie wahrnahm, brach wirklich aus ihm hervor, was man rückblickend seine Sprache nennt. Genau genommen war das noch nicht »Deutsch«, lediglich eine deutsche Mundart. Deutsch als einheitliches, schriftgestütztes Idiom gab es noch gar nicht. Umgekehrt: Luther war federführend bei dessen Entstehung. Seine Sprech- und Schreibweise tat etwas, was niemand vorhersehen oder gar planen kann: Sie traf den Ton der Epoche. Sie kam volksnah, drastisch, bildhaft daher und heizte die Aversionen gegen die kirchliche Korruption an, die in der gebildeten Laienschicht ohnehin umgingen. So stieg Luthers Mundart in den Rang von Schriftdeutsch auf. Und erst im Zuge dieses Aufstiegs entfaltete sich seine Theologie. Sie bedurfte der Empörung über das Teufelswerk, zu dem sich die kirchliche Menschensatzung verdichtet hatte. Und erst als ihm der Buchdruck gestattete, dieser Empörung in seiner Muttersprache freien Lauf zu lassen und ihr gerade dabei eine unerhörte Resonanz zu verschaffen, gewann seine Theologie ihre bekannten Konturen.

Er war das Glückskind seiner Epoche: zur rechten Zeit am rechten Ort. So vermochte seine vergleichsweise bescheidene geistige Originalität einen ungeheuren Wind zu entfachen, ähnlich wie sich in einer besonderen atmosphärischen Konstellation aus wenigen Flügelschlägen eines Kolibri ein Wirbelsturm aufbauen kann. So etwas geschieht äußerst selten. Um so mehr ist man geneigt, eine höhere Fügung am Werk zu sehen, wenn es dazu kommt. Daß die Eskalation des Ablaßstreits vielen Zeitgenossen als ein Wunder erschien und Luther in seiner Überzeugung befestigte, von Gott direkt erwählt zu sein, gewissermaßen als endzeitlicher deutscher Wiedergänger des Apostels Paulus, ist nur verständlich. Eine krasse Geschichtsklitterung hingegen war seine Behauptung, seine Reformation sei allein »durch das Wort« erfolgt. »Durch das Wort ist die Welt überwunden worden, durch das Wort ist die Kirche erhalten worden, durch das Wort wird sie wiederhergestellt werden und der Antichrist [...] gewaltlos fallen«.[49] Ohne den Schutz seines Landesherrn wäre er in kürzester Zeit mundtot oder tot gewesen; ohne Buchdruck wären seine Worte zur breiten Schicht bürgerlicher Laien, dem Humusboden der Reformation, gar nicht vorgedrungen.

Verglichen mit dem sprachlich-theologischen Durchbruch, den der Ablaßstreit in Luther auslöste, nimmt sich sein »Hindurch« durchs Gesetz zur Gnade, das er in der klösterlichen Studierstube erlebte, lediglich wie ein Anbruch aus. Aber nur dank des unspektakulären, introvertierten Anbruchs wurde der sensationelle äußere Durchbruch möglich. Mit dem Anbruch löste sich Luthers Depression. Mit dem Durchbruch begann seine manische Phase. In dem Hochgefühl, daß Gott die Augen der Welt auf ihn gerichtet habe, entfaltete er eine nahezu übermenschliche Produktivität. Die *Heidelberger Disputation* (1518), der *Sermon von der Bereitung zum Sterben* (1519), die *Leipziger Disputation* (1519), der *Kommentar zum Galaterbrief* (1519), der *Sermon von den guten Werken* (1520), schließlich die sogenannten reformatorischen Hauptschriften von 1520 (*An den christlichen Adel, Von der babylonischen Gefangenschaft der Kirche, Von der Freiheit*

49 Ernst Ludwig Enders, *Dr. Martin Luther's Briefwechsel*, Band III, Hensius, Leipzig 1907, S. 73

eines Christenmenschen) – gelegentlich schrieb er so schnell, daß Setzer und Drucker kaum nachkamen. Noch im Jahre 1520 hatte seine Lehre eine feste, zusammenhängende Form angenommen.

Das Management des Hochgefühls

In der Philosophie unterscheidet man zwischen Genesis und Geltung. Gedanken fallen nicht fertig vom Himmel. Sie haben stets eine Entstehungsgeschichte. Aber sie gehen darin nicht auf. Oft versteht man sie besser, wenn man weiß, wie sie entstanden sind. Aber dadurch werden sie nicht gültiger. Ihre Geltung hängt einzig von ihrer inneren Argumentationsdichte und Evidenz ab. Das ist bei Luther grundsätzlich anders. Seine Lehre ist ohne den Durchbruch, der zu ihr führte, gar nicht darstellbar. Wann immer er selbst sie resümiert – am prominentesten in seinem reformatorischen Manifest *Von der Freiheit eines Christenmenschen* –, kommt er denn auch gar nicht umhin, besagten Durchbruch noch einmal wie im Zeitraffer zu durchlaufen. »Und ist zu wissen, daß die ganze heilige Schrift in zweierlei Worte geteilt wird, welche sind: Gebote oder Gesetze Gottes und Verheißungen oder Zusagungen. Die Gebote lehren und schreiben uns mancherlei gute Werke vor, aber damit sind sie noch nicht geschehen. Sie weisen wohl, sie helfen aber nicht; lehren, was man tun soll, geben aber keine Stärke dazu. Darum sind sie nur dazu geordnet, daß der Mensch darinnen sehe sein Unvermögen zu dem Guten und lerne an sich selbst verzweifeln. Und darum heißen sie auch das alte Testament und gehören alle ins alte Testament.« »Wenn nun der Mensch aus den Geboten sein Unvermögen gelernt und empfunden hat, daß ihm nun angst wird, wie er dem Gebot Genüge tue, sintemal das Gebot muß erfüllt sein oder er muß verdammt sein: so ist er recht gedemütigt und zunichte geworden in seinen Augen, findet nichts, womit er fromm werden könnte. Dann so kommt das andere Wort, die göttliche Verheißung und Zusagung, und spricht: willst du alle Gebote erfüllen, deiner bösen Begierde und Sünde loswerden, wie die Gebote zwingen und fordern, siehe da, glaube an Christum, in welchem ich dir zusage alle Gnade, Gerechtigkeit, Friede und Freiheit; glaubst du, so hast du, glaubst du nicht, so hast du nicht.« »Darum sind die Zusagungen Gottes Worte des neuen Testaments und gehören auch ins neue Testament.«[50]

Die Bibel ist hier bereits Luthers »feste Burg« gegen den Papst. An ihr soll sich das Geschick von Gläubigen und Ungläubigen entscheiden. Um so irritierender, wie Luther sie einteilt. Er, der den ganzen Bibeltext mehrfach durchgearbeitet hat, weiß doch, daß das Alte Testament keineswegs nur Gebote und Gesetze enthält, sondern ebenso eine ganze Reihe großer Verheißungen und prophetischer Visionen, wie sich umgekehrt im Neuen Testament zahlreiche Gebote und Verhaltensmaßregeln finden, nicht zu reden von den Geschichtserzählungen, Gebeten, Klage- und Lobgesängen, die in beiden Büchern vorkommen und weder unter Gesetz noch Zusagung fallen. Warum also diese verengende Zweiteilung? Weil das Wort Testament (wörtlich: Bund) für Luther eher eine Haltung bezeichnet als ein Buch. Das Neue Testament als Buch ist ihm sprichwörtlich für die Glaubenshaltung, das Alte Testament für gesetzesversessene Verbohrtheit. Aber das schließt nicht aus, daß im Buch des Neuen Testaments reichlich Altes steckt, im Alten Testament reichlich Neues. Es kommt auf die richtige Haltung zu den beiden biblischen Büchern an; dann kann man das Alte und das Neue darin richtig gewichten. So vielschichtig der Inhalt der Bibel auch sein mag; für Luther gibt es nur zwei Grundhaltungen zu ihm: Glaube oder Unglaube. Sie verhalten sich zueinander wie die beiden biblischen Bücher: sind unvereinbar und gehören gleichwohl untrennbar zusammen, wie Licht und Schatten. Die Bibel ist der Nährboden beider Haltungen; sie kann verblenden und erleuchten. Zugleich dient sie beiden

50 Martin Luther, *Von der Freiheit eines Christenmenschen*, in: derselbe, Ausgewählte Schriften, Askanischer Verlag, Berlin 1916, S. 114 ff.

Haltungen als Auslegungsobjekt. Der Glaube legt sie neutestamentlich aus, der Unglaube alttestamentlich. »Die Schrift«, auf die sich Luther beruft, ist also nicht einfach die Gesamtheit der Bibeltexte, denn die ist zwar ein faszinierender literarischer Steinbruch, verrät aber nicht, wie man angemessen mit ihr umgeht. »Die Schrift« ist vielmehr die Bibel, wie er sie sich zurechtlegt. Und zwar hat er sie genau so bipolar durchstrukturiert, wie er selbst strukturiert war.[51]

Warum steht »der Mensch« zunächst im Bann biblischer Gebote, die ihm sein Unvermögen offenbaren und ihn verzweifeln lassen? Und warum »kommt«, nachdem er völlig verzweifelt ist, »das andere Wort, die göttliche Verheißung und Zusagung« und zieht ihn aus dem Sumpf? Weil Luther es genau so erlebt hat. »Der Mensch«: das ist er. *Ecce homo*. In seine Fußstapfen muß treten, wer zum Glauben kommen will. Zwar nicht in jedem Detail. Nicht jeder muß sich mit den Eltern überwerfen, ins Kloster gehen und sich mit Bußübungen peinigen. Aber jeder muß erst einmal völlig verzweifeln und am Ende sein, ehe ihm der Glaube zuteil wird. Eine christliche Erziehung etwa, die dafür sorgt, daß Kinder von klein auf das Richtige hören, nämlich »das andere Wort« vom gnädigen Christus, und angstfreigläubig in es hineinwachsen, wäre gar nicht wünschenswert. Das lutherische Pfarrhaus, das über Generationen hinweg den rechten Glauben schon mit der Muttermilch weiterreicht und

51 Ein bißchen bipolar ist jeder. Manche Erlebnisse versetzen in Hochstimmung, andere drücken nieder. »Bipolare Störung« hingegen ist ein Begriff aus der neueren Psychiatrie, der etwas vornehmer und vorsichtiger umschreibt, was bei Emil Kraepelin »manisch-depressives Irresein« hieß: einander abwechselnde Zustände von Hochgefühl und tiefster Niedergeschlagenheit, die gemessen an den realen Lebensumständen der jeweiligen Person völlig unverhältnismäßig sind. Luther wird im folgenden keine bipolare Störung unterstellt. Es ist lediglich von seiner ausgeprägten bipolaren Disposition die Rede – und seiner singulären Fähigkeit, sie als Kraftquelle zu nutzen. Seine Theologie ist sowohl Ausdruck dieser Disposition als auch ihr Management. Sie wird nicht verständlicher dadurch, daß man sie pathologisiert.

ein sich über Jahrhunderte dehnendes Bollwerk des Glaubens, der Bibelfestigkeit und Buchgelehrsamkeit errichtet, ist durchaus nicht im Sinne seines Erfinders. Eltern, die ihrem Nachwuchs all die Verdammungsangst ersparen wollen, die sie selbst durchlitten, ehe sie zum wahren Glauben kamen, führen ihn auf einen falschen Weg. Der richtige Weg führt zunächst ins Falsche. Die nächste Generation muß genauso wie die Altvorderen in die verzweifelte Depression hinein. Nur wo sie echt ist, kann auch echter Glaube entstehen. Von einer bipolaren, manisch-depressiven Disposition aus erscheint das völlig plausibel. Zum Hochgefühl gehört, daß es aus seinem Gegenteil hervorgeht – als Errettung davon erlebt wird. Aber gerade daran zeigt sich, daß es die Gnade keineswegs gratis gibt. Nur wer den Tribut der Verzweiflung entrichtet hat, kann sie empfangen.

Luther selbst hat ihn entrichtet. Aber die andern sollen es auch nicht besser haben. Warum schafft die Ableistung von Bußstrafen, die Entrichtung von Ablässen und mildtätigen Gaben die Gnade Gottes nicht herbei? Weil das alles zu wenig ist. Taten dieser Art sind bloß Bauernopfer. Die Gnade gibt es aber nur für das Königsopfer: die vollständige Kapitulation. Die jedoch ist nicht etwa bloß das Absinken in einen lethargischen Zustand, sondern die Tat schlechthin. In Luthers speziellem Fall bestand sie im Sich-Durchringen zu dem Eingeständnis, daß er am Klostergesetz gescheitert war. Das müssen die Lutheraner nicht direkt kopieren. Aber jeder von ihnen muß ganz auf den Grund seiner eigenen Verzweiflung hinab und sich zur Gnade völlig unfähig fühlen; dann wird sie gewährt. Erst muß der Offenbarungseid geleistet werden, dann kommt die Offenbarung. Ökonomisch gesprochen: Erst das Geld, dann die Ware. Nur darf der Offenbarungseid um keinen Preis als Leistung offenbar werden, damit die Gnade als etwas erscheint, was ganz umsonst, ohne jede Vorleistung gewährt wird und die Gläubigen buchstäblich umpolt: »für sie sind die Leiden und Widerwärtigkeiten lauter köstliche Verdienste und die edelsten Güter, die niemand genug zu schätzen vermag. Denn der Glaube und die Zuversicht machen das alles köstlich vor Gott, was den andern das Allerschädlichste ist«.[52]

Erst diese Umwendung bringt die Seele in Hochstimmung. »Nicht allein gibt der Glaube soviel, daß die Seele dem göttlichen Wort gleich wird, aller Gnaden voll, frei und selig, sondern vereinigt auch die Seele mit Christo, wie eine Braut mit ihrem Bräutigam. Aus welcher Ehe folgt, wie S. Paulus sagt, daß Christus und die Seele ein Leib werden«. »So hat Christus alle Güter und Seligkeit: die sind der Seele eigen. So hat die Seele alle Untugend und Sünde auf sich: die werden Christi eigen.«[53] Der Bräutigam übernimmt die Sünden der Braut und tilgt sie. Sie bekommt Anteil an seiner Gerechtigkeit, so daß sie »wider alle Sünden bestehen mag, ob sie schon auf ihr liegen« (118). Und sofern ihr Bräutigam auch König und Priester ist, wiewohl sein Reich »nicht irdisch« ist, »sondern in geistlichen Gütern« besteht, »als da sind Wahrheit, Weisheit, Friede, Freude, Seligkeit usw.« (119), nimmt die Seele auch daran teil. »Wer mag nun ausdenken die Ehre und Höhe eines Christenmenschen? Durch sein Königreich ist er aller Dinge mächtig, durch sein Priestertum ist er Gottes mächtig.« (121)

Hymnischer geht es nicht. Das ist der reformatorische Sound, der die Herzen der bürgerlichen Laien höher schlagen ließ. Sie, die in Religionsdingen stets unmündig gehalten worden waren, bekamen schriftlich attestiert, »aller Dinge mächtig« zu sein. Das hob die Stimmung auch dort, wo nicht eitel Depression und Verzweiflung herrschte, sondern einfach nur tiefer Unmut gegen die Kleriker. Doch was für eine Macht wurde ihnen da zugesprochen? Selbstredend keine, die »aller Dinge leiblich mächtig« (120) macht. Es geht vielmehr um die Macht des Gebets. »Gottes mächtig« wird der Christ, wenn »Gott tut, was er bittet und

52 Martin Luther, *Sermon von den guten Werken*, Calwer Luther-Ausgabe, Band 3, Calwer, Stuttgart 1977, S. 118

53 Martin Luther, *Von der Freiheit eines Christenmenschen*, l. c., S. 117. Weitere Seitenzahlen im Text.

will, wie da geschrieben steht im Psalter: ›Gott tut den Willen derer, die ihn fürchten, und erhört ihr Gebet‹.« (121) Ein feines Hintertürchen läßt dieser Psalmspruch offen. Werden Bitten nicht erhört, war der Bittende offenbar nicht gottesfürchtig genug. Er fürchtet Gott erst dann wirklich, wenn er ganz unten ist und Gott ganz oben, wenn er also so vorbehaltlos fleht, wie Luther es im *Kommentar zum Galaterbrief* ein Jahr zuvor beschrieben hatte. Erst das Eingeständnis seiner vollkommenen Nichtigkeit macht ihn »Gottes mächtig«. Erst wenn er nichts erbittet, als daß Gott sein »lieber Vater« sei, wird er zu Gnaden angenommen und frei.

Diese Freiheit genießt er allerdings nur solange, wie sein Flehen fortbesteht. Der Glaube bleibt also von andauerndem Nichtigkeitsgefühl unterlaufen. Wo es schwindet, schlägt er in Hochmut um. Hochmut ist die Gefahr – theologisch gesagt: die »Anfechtung« –, in der der Glaube ständig schwebt. »Denn wer ist eine Stunde lang ohne Anfechtung? Ich will dabei schweigen von den Anfechtungen durch das, was uns zuwider ist, deren es unzählig viele sind. Ist doch das sogar die gefährlichste Anfechtung, wenn keine Anfechtung da ist und alles wohl steht und gut geht: daß der Mensch dann dabei Gott nicht vergesse, zu zuversichtlich werde und die glückliche Zeit mißbrauche.«[54] Im Hochgefühl bloß nicht übermütig werden, ist daher Luthers Devise. Der manische Zustand muß ständig gedämpft werden, damit er nicht die Bodenhaftung verliert und in sein Gegenteil umschlägt. Wenn »Klarträumer« Leute sind, die, während sie träumen, ihr Traumerleben zugleich zu dämpfen, zu korrigieren, zu steuern vermögen, so ist Luther so etwas wie ein »Klarmaniker« gewesen, ein Manager seines eigenen Hochgefühls, der es ständig durch wohldosierte Dämpfer und Stimuli im Lot und auf Trab zu halten suchte. Er wußte, daß der Glaube, dessen Unerschütterlichkeit er verkörperte, alles andere als ein fester Besitz war. Keinen Moment durfte der Gläubige ruhen; nie war er am Ziel.

54 Martin Luther, *Sermon von den guten Werken*, l. c., S. 142

»Obwohl der Mensch inwendig nach der Seele durch den Glauben genugsam gerechtfertigt ist und alles hat, was er haben soll, außer daß derselbe Glaube und Genüge immer zunehmen muß bis in jenes Leben,[55] so bleibt er doch in diesem leiblichen Leben auf Erden und muß seinen eigenen Leib regieren und mit Leuten umgehen. Da heben sich nun die Werke an: hier muß er nicht müßig gehen; da muß fürwahr der Leib mit Fasten, Wachen, Arbeiten und mit aller mäßigen Zucht getrieben und geübt sein, daß er dem innerlichen Menschen und dem Glauben gehorsam und gleichförmig werde«. »Denn der innerliche Mensch ist mit Gott eins, fröhlich und lustig um Christi willen, der ihm so viel getan hat, und steht alle seine Lust darin, daß er wiederum möchte Gott auch umsonst dienen in freier Liebe; so findet er in seinem Fleisch einen widerspenstigen Willen, der will der Welt dienen und suchen, was ihn gelüstet. Das mag der Glaube nicht leiden und legt sich mit Lust an seinen Hals, ihn zu dämpfen und ihm zu wehren« (124).

Die menschliche Konstitution ist für Luther nicht minder bipolar als die heilige Schrift. Hier der Einklang der glaubenden Seele mit Gott; dort der konkrete, aus Seele und Leib bestehende Mensch, der im Widerstreit mit sich bleibt und nach wie vor der außer Rand und Band geratenen, satanisch verseuchten Welt angehört. Dieser Welt muß der Glaube standhalten. Und nur wo er standhält, ist er echter, ganzer Glaube. Wo nicht ganz geglaubt wird, wird nicht wirklich geglaubt. Aber der ganze Glaube ist bloß auf Bewährung gegeben. Er bleibt auf dem Prüfstand der dämonischen Versuchung. Er ist also keineswegs am Ziel. Daher sein Bemühen um gute Werke. Die sollen zwar umsonst aus freier Liebe direkt aus dem Glauben quellen. Aber der Gläubige muß sie dem widerspenstigen Willen seines Fleisches genauso

55 Logisch gesehen ist das unsinnig: Wer »alles hat, was er haben soll«, muß nicht »zunehmen«; wer zunehmen muß, hat nicht alles. Psychologisch ergibt es Sinn. Der überschwengliche Lobpreis des Glaubens wird die Angst vor Hochmut nicht los.

abringen wie der Ungläubige die Taten seiner falschen Frömmigkeit. Wenn er in diesem Ringen nachläßt, zeugt das von erlahmendem Glauben. Er droht in die Fänge des Teufels zurückzufallen. So haben die guten Werke zwar nicht die Erlangung von Gnade und Seligkeit zum Zweck, wohl aber deren Unverlierbarkeit. Eine nur leihweise gegebene Seligkeit, die man permanent wie ein rohes Ei hüten muß, beschert freilich ihr Gegenteil: Dauerstreß. Sie wird das Flehen nicht los. Wahrer Glaube fleht immer bloß darum, das zu werden, was er sein soll.

Deshalb ist auch die ganze Lehre von den guten Werken ein Vertauschspiel von Sein und Sollen. »Gute, fromme Werke machen nimmermehr einen guten frommen Mann, sondern ein guter, frommer Mann macht gute, fromme Werke«, »gleichwie Christus sagt: ›Ein böser Baum trägt keine gute Frucht, ein guter Baum trägt keine böse Frucht.‹ «[56] Nur daß der gute Baum nicht bipolar ist. Er muß seine Äste und Zweige nicht dazu zwingen, gute Früchte hervorzubringen. Der gläubige Mensch hingegen muß jede gute Tat seinem widerspenstigen Fleisch abpressen. Daß die guten Taten bei ihm von selbst, umsonst aus freier Liebe kämen, ist bloße Beteuerung. Wäre es wirklich so, müßte er nicht mantrahaft dazu aufgefordert werden. Das Sein der guten Werke ist lediglich ein Sollen, aber es wird so getan, als sei das Sollen ein Sein, als drücke der Befehl zu guten Werken bloß aus, was der Gläubige ohnehin tut. Das ergibt dann Ungereimtheiten wie diese: »Wer aus Gott geboren ist (d.h. wer glaubt und Gott vertraut), der sündigt nicht und kann nicht sündigen«. »Selig sind, die ihm vertrauen. Ist das wahr, so muß alles gut sein, was sie tun, oder je bald vergeben sein, was sie Übles tun.«[57]

Kann der Glaubende nun sündigen oder kann er nicht? Eines geht nur. Aber wen dieser Widerspruch anficht, der glaubt noch nicht richtig. Er erachtet »den Glauben noch wie ein anderes Werk« und setzt ihn »nicht über alle Werke«. »Denn eben

56 Martin Luther, *Von der Freiheit*, l.c., S. 126f.

57 Martin Luther, *Sermon von den guten Werken*, l.c., S. 114

darum ist er das höchste Werk, daß er auch bleibt und tilgt die täglichen Sünden dadurch, daß er nicht zweifelt, Gott sei dir so günstig, daß er solchem täglichen Fehlen durch die Finger sieht, ja ob auch ein tödliches Verfehlen geschieht (das doch denen, die im Glauben und Vertrauen Gottes leben, nie oder selten widerfährt), steht doch der Glaube wieder auf und zweifelt nicht, seine Sünde sei schon dahin.«[58] Ob Taten gut oder böse sind, entscheidet sich nicht an ihnen selbst, sondern einzig an der Gesinnung, der sie entspringen. Ist sie selbstgerecht, so taugen die bestgemeinten Taten nichts. Ist sie fromm, so sind alle Taten, die von ihr ausgehen, entweder gerechtfertigt oder, wie im Extremfall des Totschlags, sogleich vergeben. Eigentlich kann ein Glaubender nicht sündigen. Sündigt er aber doch – und das geschieht natürlich dauernd –, so zählt seine Sünde nicht. Gott tut so, als wäre sie nicht geschehen. Er rechnet sie nicht an.

Wieder ist es der eigene Durchbruch, den Luther hier theologisch aufspreizt. Depression bedeutet immer auch Antriebsschwäche. Und so hat er die Zeit seines Burnouts als eine erlebt, wo er sich zu allem, was er sich vornahm, wenn er es überhaupt erreichte, mühsam zwingen mußte. Schwer zu sagen, ob sein zwanghafter, schuldgetriebener Versuch, das Klostergesetz zu erfüllen, ihn allererst depressiv gemacht hat, oder ob eine schon vorhandene Neigung zur Depression sich im Zuge seiner vergeblichen Gesetzeserfüllung bis ins Unerträgliche steigerte. Jedenfalls fühlte er, als die Depression schließlich einem Hochgefühl zu weichen begann, zu allem, was er tat, neue Kräfte. Sie strömten ihm zu, sie verlangten nach Erprobung, und just zu diesem Zeitpunkt griff Tetzels skandalöser Ablaßhandel um sich. Er war der erste nennenswerte Widerstand, den das aufkeimende neue Gefühl zu spüren bekam, und niemand konnte wissen, wie sehr es durch Widerstand wachsen und durch die Empörung über die Ablaßthesen in manische Höhen getrieben werden würde. Alles, was Luther nun tat, sagte und schrieb, war vom Hochgefühl

58 L. c., S. 129 f.

angesteckt und fiel ihm ungeheuer leicht, von der Alltagsbewältigung über den Lehrbetrieb bis zu den reformatorischen Hauptschriften, und so weitete sich ihm der Begriff der guten Werke ebenso, wie es ein paar Jahre zuvor schon der paulinische Gesetzesbegriff getan hatte. Wie »Gesetz« ihm zu einem Synonym für jede Form von Menschensatzung geworden war, egal, ob sakral oder profan, so empfand er nun als gutes Werk schlechterdings alles, was im neuen Hochgefühl getan wurde, »wenn es auch so geringfügig wäre wie das Aufheben eines Strohhalms«. »In diesem Glauben werden alle Werke gleich«, »sie mögen groß oder klein, kurz oder lang, viel oder wenig sein. Denn die Werke sind nicht als solche um ihrer selbst willen, sondern um des Glaubens willen wohlgefällig«.[59] Warum Zeit und Geld mit Bußübungen, Ablässen und Wallfahrten vertun, die dem Seelenheil doch nicht näher bringen? Der rechte Ort guter Werke ist der ganz profane Alltag. Und dort bedeutet »Werk« soviel wie Arbeit – nicht gemeinnützige oder mildtätige Arbeit, sondern Arbeit überhaupt. Egal, welchen Inhalts: Arbeit frommt dem Christen, »daß er nicht müßig gehe und seinen Leib bereite und bewahre«.[60]

Das war ein neuer Ton. Die Werktätigen waren damals noch überwiegend Bauern oder Handwerker. Sie verrichteten eine ganz bestimmte Arbeit, noch nicht jene dequalifizierte, auf ein paar Handgriffe reduzierte, austauschbare, die einige Jahrhunderte später als »Arbeit überhaupt« zur Signatur des Industrieproletariats wurde. Dennoch löst Luther das Wort »Arbeit« von aller Bestimmtheit ab, genauso wie er das Wort »Beruf« nicht mehr für die »Berufung« in den geistlichen Stand reserviert, sondern für jede Tätigkeit verwendet, mit der Leute ihren Lebensunterhalt verdienen.[61] Im Rückblick mutet er damit wie

59 L.c., S. 114 und 116

60 Martin Luther, *Von der Freiheit*, l.c., S. 126

61 Cf. Max Weber, *Die protestantische Ethik*, J.C.B. Mohr (Paul Siebeck), Tübingen ^{9}1988, S. 63 ff.

ein Pionier kapitalistischer Arbeitsverhältnisse an. Doch die lagen ganz außerhalb seines Denkhorizonts. Am Anbruch einer neuen Epoche zu stehen – das war gar kein Gedanke für ihn. Sein Programm war der endzeitliche Kampf gegen den Teufel. Die Vorstellung von Arbeit überhaupt – »Arbeit sans phrase« wird Marx später sagen[62] – kommt bei Luther weder aus ökonomischer Analyse noch aus historischer Prognose. Sie quillt einigermaßen unbedarft aus seinem ganz subjektiven Hochgefühl nach dem Durchbruch. Arbeit an sich ist gut; zum einen, weil alles gut ist, was im Glauben getan wird; zum andern, weil sie das widerspenstige Fleisch optimal in Zucht nimmt. In diesem doppelten Gedanken hat die protestantische Arbeitsethik ihren Ursprung. Sie entstammt ebenso Luthers Glaubenseuphorie wie seinem ständigen Versuch, sie im Zaum zu halten. Im Hochgefühl nur nicht überschnappen. Da war Arbeit als solche ein exzellentes Bändigungsmittel. Wie sehr sein Arbeitsbegriff Vorbote einer neuen Ära sein würde, hat Luther nicht geahnt. Ebenso fern lag ihm, ökonomischen Arbeitserfolg als Indiz für göttliche Gnade zu nehmen. Das taten erst ein gutes Jahrhundert später Calvinisten wie Lewis Bailey oder Richard Baxter.

Der innere und der äußere Mensch

Bei Luther kreist alles um seinen persönlichen Durchbruch. Eine ganze Anthropologie zieht er daraus hervor – ausgehend davon, »daß ein jeglicher Christenmensch zweierlei Natur ist, geistlicher und leiblicher. Nach der Seele wird er ein geistlicher, neuer, innerlicher Mensch genannt; nach dem Fleisch und Blut wird er ein leiblicher, alter und äußerlicher Mensch genannt.«[63] Das klingt ganz traditionell. Man denkt sogleich an Thomas von

62 Karl Marx, *Grundrisse der Kritik der Politischen Ökonomie*, Dietz, Berlin 1974, S. 25

63 Martin Luther, *Von der Freiheit*, l. c., S. 111

Aquin. Ihm zufolge besteht der innere Mensch aus dem Intellekt (*pars intellectiva*), der äußere Mensch aus dem Zusammenhang von Sinnen und Körper (*pars sensitiva cum corpore*).[64] Und wo bleibt die Seele? Sie fällt auf beide Seiten. Thomas unterscheidet nämlich mehrere Arten von Seele. Pflanzen haben eine vegetative Seele, Tiere zudem eine sensitive, Menschen überdies eine Intellektseele.[65] Nur letztere macht den inneren Menschen aus. Sein vegetatives und sensitives Leben hingegen gehört seiner Außenseite an – gemeinsam mit dem Körper. Die Scheidung zwischen innerem und äußerem Menschen geht also durch seine Seele hindurch. Pflanzen und Tiere haben nur ein äußerliches Dasein. Allein das Vernunftvermögen verschafft Innerlichkeit. Das heißt allerdings auch: Nach Thomas hat *jeder* Mensch ein Innen und ein Außen, egal, ob er Heide, Jude oder Christ ist. Nicht so bei Luther. Er gesteht nur dem Glaubenden Innerlichkeit zu. Ungläubige sind bloß äußerliche Menschen. Damit werden »innen« und »außen« neu codiert. Zwar ist der Glaubensakt ein seelischer. Das sagen beide – Thomas wie Luther. Aber Luther versteht darunter einzig die seelische Befindlichkeit, die ihm sein Durchbruch bescherte. Wer ihm nacheifert, wer sich zum Hochgefühl des Glaubens hindurcharbeitet wie er, dem erst eröffnet sich die Dimension der Innerlichkeit und damit die Aufgabe, dies kostbare Innere sein ganzes Alltagsleben hindurch gegen alle Anfechtungen zu bewahren. Alle anderen Seelenkräfte sind nur so weit gerechtfertigt, wie sie dazu beitragen. Sie sind günstigstenfalls Gehilfen des inneren Menschen, aber sie gehören ihm nicht an. Nicht einmal die Vernunft. Sie, die als das schlechterdings Menschenspezifische für Thomas den inneren Menschen ausmacht, fällt bei Luther auf die Außenseite: »denn es ist nichts Gefährlicheres in uns, als unsere Vernunft und unser Wille. Und dies ist das höchste und erste Werk Gottes in uns und die beste

64 Thomas von Aquin, *Summa theologica*, I, q. 75, 4 ad 1
65 Thomas von Aquin, *Summa theologica*, I, q. 78, 1. 2

Übung darin, unser eigenes Wirken zu unterlassen: wenn wir der Vernunft und dem Willen müßig gehen«.[66]

Das sagt Luther im Glaubensrausch des Jahres 1520. Fünfzehn Jahre zuvor war er, ehe er den folgenreichen Schritt ins Kloster tat, *Magister artium* geworden und hatte sich während seines Magisterstudiums so erfolgreich mit aristotelischer Logik und Metaphysik befaßt, daß er noch während seines Theologiestudiums, im Winter 1508/09, von der Erfurter Fakultät an die im Aufbau befindliche Universität Wittenberg abgeordnet wurde, um dort Vorlesungen über aristotelische Ethik zu halten. Wie kann ein solcher Aristoteles-Kenner gänzlich auf Vernunft und Willen verzichten wollen? Weil sie ihm in seiner Seelennot im Kloster nicht geholfen haben, ist die lutherische Standardantwort. Doch genausowenig wie jemand auf seine Verdauung verzichten kann, weil sie ihm dauernd Beschwerden bereitet, wird er Vernunft und Willen los, indem er beschließt, ihrer »müßig« zu gehen. Zum einen ist dieser Beschluß ein Willensakt; zum andern entspringt er einem Urteil über die Vernunft. Beurteilen ist aber eine Vernunfttätigkeit. Die Unzulänglichkeit der Vernunft erschließt sich einzig der Vernunft selbst. Nur sie hat die denkwürdige Fähigkeit der Selbstbezüglichkeit, die Aristoteles »das Denken des Denkens«[67] nannte. Nur sie kann ihre eigenen Verfahrensweisen und Erzeugnisse zum Gegenstand kritischer Prüfung machen und ihre Grenzen und Schwächen so ausloten, daß sie nicht über ihre Verhältnisse lebt.

Vernunftkritik ist ein Postulat der Vernunft. Sie ist ein erhellendes Tun, solange bewußt bleibt, daß eben die kritisierte Vernunft es ist, die dazu befähigt. Sie schlägt in Verdunkelung um, sobald sie auf den Kredit einer höheren Instanz geschieht. Diese Instanz heißt im Christentum Offenbarung. Ihr Stenogramm ist das *Credo*. Ihr Sonderangebot ist jener Direktzugang

66 Martin Luther, *Sermon von den guten Werken*, l. c., S. 173

67 Aristoteles, *Metaphysik*, XII. Buch, 1074 b

zum Weltgrund, zum Eigentlichen, zu Gott, den die Vernunft nicht zu eröffnen vermag. Doch dieser Direktzugang ist stets erschlichen. Er wird von eben jener Vernunft suggeriert, die zugleich behauptet, an ihn nicht heranzureichen, um dann wortreich über die höhere oder tiefere Wahrheit zu räsonieren, die er spenden soll. Allerdings hatte die mittelalterliche Theologie da eine Sicherung einzubauen versucht. Mochte die Offenbarung auch die Fassungskraft menschlicher Vernunft übersteigen: sie sollte stets mit ihr vereinbar bleiben. Auch das war natürlich ein frommer Wunsch. Wie soll sich etwa Christi Präexistenz, Inkarnation, Jungfrauengeburt und Auferstehung vernunftförmig darstellen lassen? Dennoch stärkte der Wunsch danach die Vernunftkräfte. Immerhin mußte man an der mittelalterlichen Universität erst einmal Grammatik, Rhetorik und Dialektik (= Logik) studieren, ehe man zur Theologie zugelassen wurde. Selbst Ockham versuchte seine Lehre von der vollkommenen Allmacht Gottes doch noch einmal an die Vernunft zurückzubinden. Gott kann handeln, wie er will – solange er sich dabei nicht selbst widerspricht.

Mit dieser Rückbindung macht Luther Schluß. Im Licht seines Durchbruchs erscheint ihm seine ganze Beschäftigung mit Aristoteles nur noch als Fehlweg. Seine beiden hochkarätigen Erfurter Philosophielehrer, Jodokus Trutfetter und Bartholomäus Arnoldi, haben ihn in die Irre geleitet, behauptet er in einem berühmten Brief an seinen Freund Johannes Lang. »Falls Aristoteles nicht ein Mensch mit Fleisch und Blut gewesen wäre, würde ich nicht zögern zu behaupten, daß er der Teufel in Person gewesen ist. Ich wünsche mir, daß Usingen [= Arnoldi] und Trutfetter sich zurückhielten, ja völlig mit ihren Arbeiten aufhörten, so viel Argumente habe ich gegen ihre Schriften gesammelt, von denen ich jetzt sehe, daß sie völlig nutzlos sind.«[68] Das ist natürlich eine krasse Verkennung dessen, was er den beiden Lehrern und dem Aristoteles-Studium verdankte:

68 Zitiert nach Heiko A. Oberman, l. c., S. 128

eine Argumentationsschulung, ohne die er bei seinen akademischen Disputationen in Heidelberg und Leipzig, bei seinem Statement vor dem Wormser Reichstag oder bei seiner Auseinandersetzung mit Erasmus von Rotterdam nicht hätte bestehen können. Wenn er dennoch behauptet, man müsse »der Vernunft und dem Willen müßig gehen«, um zum Glauben zu gelangen, so ist das nur eine andere Redeweise für die Unerläßlichkeit der persönlichen Kapitulation als Glaubens- und Gnadenvorleistung. Vernunft und Wille sind ihm im Laufe seiner Klosterzeit immer mehr als die Motoren jeglicher »Menschensatzung« erschienen – und damit als elementare Glaubenshemmer. Nur ist er sie damit nicht losgeworden. Seine Kapitulation vor dem Gesetz war selbstverständlich ein Willensakt. Zu seinem Glauben wäre er ohne seine Einsicht in das Ungenügen jeglicher Gesetzeserfüllung und ohne daß er das Schwinden seiner Depression als einen Direkterweis göttlicher Gnade interpretierte, nie gekommen. Da war reichlich Vernunfttätigkeit im Spiel, von der er nichts wissen wollte. Was er Glaube nannte, war eine seelische Gemengelage von Depressionsüberwindung und -abwehr, in der Selbsterkenntnis, Selbstverkennung und Selbsttarnung auf schwer trennbare Weise ineinandergriffen – ein Zustand erhöhter Stimmung und verminderter Vernunft, gewiß jedoch kein Jenseits aller Vernunft.

So aber legt es sich Luther zurecht. Innen ist allein der Glaube. Vernunft und Wille bleiben außen. Für Thomas konnte nur das menschenspezifische Seelenvermögen, der Intellekt, das Innere sein. Bei Luther ist es eine bunte Mischung aus allen Seelenregungen, die zusammen das Hochgefühl des Glaubens ergeben. Welche Seelenvermögen dabei wie zusammenwirken, interessiert ihn überhaupt nicht. Es ist sein eigener Seelenzustand nach dem Durchbruch, den er zum inneren Menschen hochrechnet. Gelegentlich assoziiert er das Innere mit dem Wort »Gewissen«, das erst durch ihn überhaupt zu einem festen Terminus der deutschen Sprache geworden ist. In seiner Übersetzung des Neuen Testaments steht es für das griechische Wort *syneidesis*, was ursprünglich »Mitwissen« heißt,[69] und zwar in dem Sinn, daß Menschen als Mitwisser ihrer schlechten Taten sich *nolens volens* selbst anklagen: ein schlechtes Gewissen haben. Im antiken Griechisch ähnelt *syneidesis* dem sokratischen *daimonion*: jener inneren Stimme, die Sokrates immer dann, wenn er vor einer lebenswichtigen Entscheidung stand, zu vernehmen meinte – aber stets verneinend-abratend, nie zustimmend-ermunternd. Bei Paulus kommt *syneidesis* zwar auch als verneinend-anklagende Instanz vor,[70] zudem als noch ungefestigtes Gewissen, das man mit unnötigen Versuchungen verschonen sollte.[71] In den Vordergrund aber rückt das Gewissen als Synonym für jene Gewißheit, die der wahre Glaube immer dann artikuliert, wenn er sich im Zeugenstand befindet. »Ich sage die Wahrheit in Christus und lüge nicht, wie mir mein Gewissen im heiligen Geist bezeugt«.[72] An diese feierliche Sentenz aus dem Römerbrief hat Luther sein prominentes Schlußwort auf dem Reichstag zu Worms offensichtlich angelehnt. Ich bin »gefangen im Gewissen an dem Wort Gottes« heißt in psychologischer Prosa: Mein Bibelstudium hat mich mit einer erhebenden Gewißheit erfüllt, von der ich nicht lassen kann. Und daß »wider das Gewissen zu handeln beschwerlich, unheilsam und ferlich ist«, heißt: Das Handeln gegen diese Gewißheit würde sich selbst mit einem Rückfall in die Depression bestrafen, die furchtbarer wäre als selbst noch die Reichsacht.

Das Gewissen ist also nicht einfach mit dem Glauben identisch, aber es ist allein durch ihn definiert. Wo er besteht, ist es gut. Wo er wankt, schwindet oder fehlt, ist es schlecht. Ungläubige haben eigentlich kein Inneres, aber das Gesetz hat ihnen die Spur seines Fehlens anklagend eingegraben. Diese Spur erleben

69 Demokrit, Fragment 297, in: Hermann Diels/Walther Kranz, *Die Fragmente der Vorsokratiker*, Weidmannsche Verlagsbuchhandlung, Berlin [7]1954, S. 207

70 Römer 2,15

71 1. Korinther 10,25 ff.

72 Römer 9,1

sie als Mitwissen all des Schlechten und Unzulänglichen in ihnen: als schlechtes Gewissen. Es ist das äußere Zeichen mangelnder Innerlichkeit. Innerlich hingegen ist einzig das gute Gewissen: das vom Glauben erfüllte. Alle kritisch-zweifelnden Töne prallen von ihm ab. Der innere Mensch muß sich vor keiner Vernunft verantworten. Umgekehrt: Er verweist sie auf ihren Platz. Solange er ihr Platzanweiser ist, behandelt er sie geradezu charmant. »Und es ist wohl wahr, daß die Vernunft das Höchste von allem ist und die übrigen Dinge dieses Lebens übertrifft als das Beste und etwas Göttliches«. »Sie ist Erfinderin und Lenkerin aller Künste, der Medizin, der Jurisprudenz und all dessen, was in diesem Leben an Weisheit, Macht, Tüchtigkeit und Herrlichkeit von Menschen besessen wird«. »Auch die heilige Schrift hat sie zu solcher Herrin über die Erde, Vögel, Fische und das Vieh eingesetzt mit dem Gebot: ›Herrschet‹.« »Das heißt, sie ist zur Verwaltung dieser Dinge in diesem Leben eingesetzt, als sei sie eine Sonne und eine Art göttlicher Macht.«[73]

Das ist freilich ein hoch vergiftetes Lob der Vernunft. Es offenbart, wie weit Luther den Nominalismus treibt: bis zur völligen Reduktion der Vernunft auf ein Verwaltungs- und Herrschaftsinstrument. Aus Vernunft wird instrumentelle Vernunft. Luther ist der erste, der diese Gleichsetzung vorbehaltlos vollzogen hat. Wie er aus der bestimmten Arbeit die Arbeit überhaupt herausdestilliert, so aus der bestimmten regelgeleiteten Vernunfttätigkeit die administrative Verfügbarkeit überhaupt. Wieder scheint es, als habe Luther die Neuzeit und ihren kapitalistischen Technizismus vorausgefühlt. Dabei ist es das Endzeitgefühl, das ständige Bedürfnis nach Abwehr des entfesselten Satans, was ihn zu seiner Engführung der Vernunft treibt. Ob ihre Begriffe stimmig ineinandergreifen, kümmert ihn wenig. Hauptsache, es gelingt ihr, die außer Rand und Band geratene, in lauter Einzelteile aufgelöste Sinnenwelt zu ordnen und zähmen. Auch die »Künste«

73 *Disputatio D. Martini Lutheri De homine*; in: Gerhard Ebeling, *Lutherstudien*, Band II, 1. Teil, J. C. B. Mohr (Paul Siebeck), Tübingen 1977, S. 16

sind vorrangig dazu da. Die Vernunft ist weder das Innere des Menschen, noch hat sie eine eigene innere Konsistenz oder eine Entsprechung in der Natur. Göttlich ist sie nicht etwa als irdisches Abbild der göttlichen Weisheit, sondern einzig in ihrem Bemühen, das diabolische Chaos zu bändigen. Damit kommt sie freilich nie an ein Ende; bleibt sie doch der chaotischen Sinnenwelt und ihren Imperativen verhaftet. »Unter diesen Umständen befindet sich jene schönste und herrlichste Sache, welche die Vernunft nach dem Sündenfall geblieben ist, dennoch [...] unter der Macht des Teufels.«[74]

Die Lenkerin alles Irdischen ist selbst bloß ein irdisches Instrument ohne jeglichen inneren oder gar höheren Halt – und daher stets bereit, sich jedem beliebigen Zweck, wie gut oder mies er auch sei, hinzugeben. In den vermächtnishaften Worten von Luthers letzter Wittenberger Predigt: »Und was ich von der Brunst, so eine grobe Sünde ist, rede, solches ist auch von der Vernunft zu verstehen: denn dieselbige schändet und beleidigt Gott in geistlichen Gaben, hat auch viel greulichere Hurenübel, denn eine Hure.« »Darum siehe, daß du die Vernunft im Zaume hältst und folgst nicht ihren schönen Gedanken: wirf ihr einen Dreck in's Angesicht, auf daß sie häßlich werde.« »Hörst du es, du schäbichte, aussätzige Hure, du heilige Vernunft, daß geschrieben steht: [...] Geht hin und tauft alle Heiden; wer glaubt und getauft wird, der wird selig.«[75] Diese Beschimpfung der Vernunft ist nur die Kehrseite ihres vergifteten Lobs. Beide gehören zusammen. Eine Hure verliert ja dadurch, daß sie verachtet wird, nicht ihre Attraktivität. Auch der Glaube begehrt sie. Er kann gar nicht anders, als nach Vernunft zu verlangen. Wie soll er sich denn ausdrücken, ohne ihre Dienste in Anspruch zu nehmen? Wie sollte Luther predigen, ohne daß seine Sprachkraft dabei ständig von ihren Reizen kostete? Auch der Glaube ist, wenn er nach Vernunft

74 L. c., S. 20

75 Martin Luther, *Letzte Predigt in Wittenberg*, in: Luthers Werke (ed. Buchwald, Kawerau u. a.), 3. Folge, Berlin 1905, S. 97 und 99

verlangt, bloß einer ihrer Freier. Er nutzt sie zu seinem Ausdruck und zu seiner Tarnung als ihr Jenseits. Solange sie *seine* Hure ist, ist sie durch ihn gerechtfertigt, während er, der scheinbar über sie Erhabene, keiner Rechtfertigung durch sie bedarf. Sobald sie andern Zwecken dienstbar wird, wird sie wieder die allgemeine profane Hure. Als solche steht sie »unter der Macht des Teufels« – und bleibt dennoch ganz unerläßlich. So sehr sie teuflisch wirkt, wann immer sie vorgaukelt, sie könne zum Heil führen, so sehr wirkt sie im Sinne des Glaubens, wenn sie als Verwaltungs- und Herrschaftsinstrument Ordnung schafft, egal ob Gläubige oder Ungläubige die Ordnungsstifter sind. Ordnung muß überall sein. Luther ist beileibe kein platter Feind der Vernunft. Er schätzt sie sehr als Hure des Glaubens und der irdischen Ordnung. Nur eines darf sie nicht haben: eine eigene Würde. Wo sie die bekommt und weder dem Glauben noch der Ordnung zu Willen ist, da hört sie strenggenommen auf, Vernunft zu sein. Sie tendiert zum Aufruhr, und »Aufruhr hat keine Vernunft«[76]. Er ist der gemeinsame Feind aller weltlichen wie geistlichen Mächte. Gegen ihn müssen die Gläubigen sogar mit den Ungläubigen zusammenhalten.

Die zwei Reiche

Das sagt einer, der halb Europa in Aufruhr versetzt hat. Er selbst sah es umgekehrt. Die Kirche war im Aufruhr gegen das Wort Gottes: vernachlässigte dessen Verkündigung, kümmerte sich nicht um seine Gebote und maßte sich weltliche Herrschaft an. Dagegen hatte Luther seine Stimme erhoben: zuerst gegen den Ablaß, dann gegen die gesamte Papstkirche. Er verstand sich als Ordnungshüter, nicht als Rebell.[77] Daher sein Appell

76 Martin Luther, *Eine treue Vermahnung zu allen Christen, sich zu hüten vor Aufruhr und Empörung*, in: derselbe, Ausgewählte Schriften, 1916, l. c., S. 229 f.
77 Daher hat Heinz Schillings große Luther-Biographie einen irreführenden Untertitel: *Rebell in einer Zeit des Umbruchs*. Das klingt mehr nach Berufsrevolutionär als nach Reformator.

An den christlichen Adel deutscher Nation. Der schien ihm auf dem Gipfel des Ablaßstreits die einzige Macht zu sein, die noch fähig war, Ordnung in der Welt zu stiften, und zwar nicht nur weltliche Ordnung. Auch die geistliche Macht war dort, wo sie weltliche Herrschaft an sich gerissen hatte, zu ihrer eigentlichen Aufgabe, der gewissenhaften Pflege des Wortes Gottes, zurückführen; notfalls mit militärischer Gewalt. Als die erste spektakuläre Phase der Reformation vorüber und der auf der Wartburg untergetauchte Luther nach Wittenberg zurückgekehrt war, um seine Anhänger von der Zerschlagung der Heiligenbilder in den Kirchen, von der Abschaffung der Messe, von der Aufkündigung der Klostergelübde und des Untertanengehorsams abzubringen, da mußte das Verhältnis von weltlicher und geistlicher Macht neu vermessen werden. Luther fühlte sich herausgefordert, seine Vorstellung vom inneren und äußeren Menschen ins Große zu übersetzen: in eine politische Theologie.

So »müssen wir Adams Kinder und alle Menschen teilen in zwei Teile: die ersten zum Reiche Gottes, die andern zum Reiche der Welt. Die zum Reiche Gottes gehören, das sind alle Rechtgläubigen in Christo und unter Christo.« »Nun siehe, diese Leute bedürfen keines weltlichen Schwertes, noch Rechtes. Und wenn alle Welt rechte Christen, das ist, rechte Gläubige wären, so wäre kein Fürst, König, Herr, Schwert noch Recht not oder nütz«, weil »der Gerechte von ihm selbst alles und mehr tut, denn alle Rechte fordern«. »Ein guter Baum bedarf keiner Lehre noch Rechtes, daß er gute Früchte trage, sondern seine Natur gibt's«.[78] Hingegen: »Zum Reiche der Welt oder unter das Gesetz gehören alle, die nicht Christen sind. Denn sintemal wenige glauben und der wenigere Teil sich hält nach christlicher Art«, »hat Gott denselben außer dem christlichen Stand und Gottes Reich ein anderes Regiment verschafft und sie unter das Schwert geworfen,

78 Martin Luther, *Von weltlicher Obrigkeit, wie weit man ihr Gehorsam schuldig sei*, in: derselbe, Ausgewählte Schriften, 1916, l. c., S. 182. Weitere Seitenzahlen im Text.

daß, ob sie gleich gern wollten, sie doch nicht tun könnten ihre Bosheit, und ob sie es tun, daß sie es doch nicht ohne Furcht, noch mit Friede und Glück tun mögen.« (184) So der Kern der sogenannten Zwei-Reiche-Lehre. Sie teilt bestechend klar ein: Hier die Mehrzahl der Ungläubigen und Bösewichte, dort die wenigen wahren Christen. Doch Vorsicht, da ist wieder der schiefe Vergleich von Christ und Baum. Der Christ soll von Natur aus gute Früchte hervorbringen wie ein guter Baum. Doch wo ist der Christ, der das tut? »Nun aber kein Mensch von Natur Christ oder fromm ist, sondern allzumal Sünder und böse sind, wehret ihnen Gott allen durch's Gesetz«. (184) Die Zahl der wenigen, die sich »nach christlicher Art« halten und »keines weltlichen Schwertes noch Rechtes« bedürfen, beläuft sich bei Lichte besehen auf null. Faktisch gehören dem Reich der Welt *alle* Menschen mit Vernunft, Sinnen und Körper; zum Reich Christi gehört lediglich das Innere der wahrhaft Gläubigen.

Im Reich Christi herrscht das Evangelium, im Reich der Welt das Schwert, aber beide sind vereint durch den gemeinsamen Feind, gegen den sie auf unterschiedliche Weise kämpfen: den Teufel. Auch die ungläubigen Herrscher nehmen an diesem Kampf teil. Vernunft haben sie ja, und was Luther als deren irdische Aufgabe erachtet, wurde längst gesagt. Sie soll Ordnung stiften – das Chaos bändigen. Das Reich der Welt ist also lediglich die politische Konkretion der Vernunft. »Denn Aufruhr hat keine Vernunft und geht gemeiniglich mehr über die Unschuldigen, denn über die Schuldigen. Darum ist auch kein Aufruhr recht, wie rechte Sache er immer haben mag.«[79] In welcher Gestalt er auch daherkommt; er ist »ein sonderliches gewisses Eingeben des Teufels«[80] – wie umgekehrt der Teufel der personifizierte Aufruhr. Wo immer politische Unruhe gärt, und sei es auch unter Luthers eigenen Anhängern, die sich im Namen der

79 Martin Luther, *Eine treue Vermahnung zu allen Christen, sich zu hüten vor Aufruhr und Empörung*, l. c., S. 229 f.
80 Ibidem, S. 230

neuen evangelischen »Freiheit eines Christenmenschen« nicht mehr jeder Obrigkeit unterordnen wollen, da sprießt Teufelssaat. Die Obrigkeit muß eingreifen. »Es ist ein verzweifeltes, verfluchtes Ding um einen tollen Pöbel, welchen niemand so wohl regieren kann, als die Tyrannen: dieselbigen sind der Knüttel, dem Hunde an den Hals gebunden. Sollten sie besserer Weise zu regieren sein, Gott würde auch andere Ordnung über sie haben, denn das Schwert und Tyrannen.«[81] Nur in einem einzigen Fall ist die Absetzung des Herrschers gestattet. »Das ist wohl billig, wo etwa ein Fürst, König oder Herr wahnsinnig würde, daß man denselben absetzt und verwahrt; denn der ist nun fortmehr nicht für einen Menschen zu halten, weil die Vernunft dahin ist. Ja, sprichst du, ein wütiger Tyrann ist freilich auch wohl wahnsinnig, oder noch wohl ärger zu achten denn ein Unsinniger, denn er tut viel mehr Schaden usw.« Doch »der Wahnsinnige kann nichts Vernünftiges tun noch leiden«. »Aber ein Tyrann tut dennoch viel dazu: so weiß er, wo er Unrecht tut, und ist Gewissen und Erkenntnis noch bei ihm und Hoffnung auch, daß er sich möge bessern«.[82] Freilich ist es nicht wegen dieser fadenscheinigen Hoffnung, daß man den Tyrannen nicht absetzen darf, sondern weil das Ordnungsinstrument Vernunft bei ihm auch dann funktioniert, wenn er wütet. Wahnsinn hingegen ist stets anarchisch. Er gehört, selbst bei einem Herrscher, auf die Seite des Aufruhrs.

Schön wär's, wenn es gute Herrscher gäbe, die nicht sagen: »Land und Leute sind mein, ich will's machen, wie mir's gefällt; sondern also: Ich bin des Landes und der Leute, ich soll's machen, wie es ihnen nütz und gut ist. Nicht soll ich suchen, wie ich hoch fahre und herrsche, sondern wie sie mit gutem Frieden beschützt und verteidigt werden.«[83] Doch mit solchen Herrschern ist es

81 Martin Luther, *Ob Kriegsleute auch in seligem Stande sein können*, in: derselbe, Ausgewählte Schriften, 1916, l. c., S. 273

82 Ibidem, S. 266 f.

83 Martin Luther, *Von weltlicher Obrigkeit*, l. c., S. 213. Weitere Seitenzahlen im Text.

wie mit den wahren Gerechten, die einzig dem Reich Christi angehören; man findet sie nirgends. »Und sollst wissen, daß von Anbeginn der Welt gar ein seltsamer Vogel ist um einen klugen Fürsten, noch viel seltsamer um einen frommen Fürsten. Sie sind gemeiniglich die größten Narren oder die ärgsten Buben auf Erden« (206). Ihr skandalöser Umgang mit dem Ordnungsmittel Vernunft ruft stets wieder die Empörung hervor, zu deren Niederschlagung es eingesetzt wird. Und so kommt es, daß die Vernunft als das höchste irdische Gut doch bloß das Negativ des Aufruhrs ist. Ihre Verwaltungs- und Herrschaftstätigkeit bleibt »unter der Macht des Teufels«. Um so mehr bedarf sie des Beistands des Reiches Christi.

Dort gilt allein die Gnade. Das Schwert ist suspendiert. Mit andern Worten: Zur Dimension des inneren Menschen – politisch gesprochen: zur vom Glauben erfüllten Privatsphäre – hat keine Staatsmacht Zutritt. Unter keinen Umständen darf sie zum Beispiel die Verbreitung des Evangeliums verhindern. »In Meißen, Bayern und in der Mark und an andern Orten haben die Tyrannen ein Gebot ausgehen lassen, man solle die Neuen Testamente in die Ämter hin und her überantworten. Hier sollen ihre Untertanen also tun: nicht ein Blättlein, nicht einen Buchstaben sollen sie überantworten, bei Verlust ihrer Seligkeit.« »Sondern das sollen sie leiden, ob man ihnen durch die Häuser laufen und mit Gewalt nehmen heißt, es seien Bücher oder Güter. Frevel soll man nicht widerstehen, sondern leiden; man soll ihn aber nicht billigen, noch dazu dienen oder folgen oder gehorchen mit einem Fußtritt oder mit einem Finger.« (206)

Einzig der staatliche Übergriff auf Glaubensangelegenheiten berechtigt und verpflichtet (»bei Verlust der Seligkeit«) zum Widerstand gegen die Staatsgewalt – allerdings nur zum passiven Widerstand, der zudem das Staatsinteresse gegen die Staatsmacht verteidigt. Denn keine Regierung kann wollen, daß sie selbst die Sache des Aufruhrs betreibt. Das tut sie jedoch, wenn sie ihren besten Verbündeten gegen den Aufruhr angreift: das Reich Christi. Dessen Gebote sind der Staatsräson zwar strikt entgegengesetzt, bilden aber zugleich ihre perfekte Ergänzung. In der Bergpredigt steht ihre Quintessenz: »Ich aber sage euch, man solle keinem Übel widerstehen«.[84] Nach diesem Grundsatz läßt sich zwar nicht regieren; aber es läßt sich glänzend regieren, wenn die Regierten ihn befolgen. Dazu freilich kann keine irdische Autorität sie bringen. Nur ihre eigene Glaubensüberzeugung vermag es. Die muß sich im Reich der Welt ja ständig bewähren, und wie könnte sie das besser tun, als wenn sie ihren erklärten Verzicht, sich das eigene ewige Heil selbst zu verschaffen, durch ihren Verzicht auf das eigene irdische Recht beglaubigt?

Diese äußere Beglaubigung optimiert das innere Versteckspiel des Glaubens. Ist doch der Verzicht aufs eigene Heil, wie gezeigt, lediglich Schein. Faktisch besteht er im Maximaltribut: dem Königsopfer der Verzweiflung. Der Verzicht aufs eigene Recht hingegen ist real. Wenn der reale Verzicht auf eigene Rechtsbeschaffung dem Glaubenden weismacht, sein Verzicht auf eigene Heilsbeschaffung sei ebenso real, so ist die Autosuggestion perfekt. Wenn der innere Mensch, auf den kein Recht und Schwert Anspruch hat, freiwillig alle persönlichen Rechte des ihm zugehörigen äußeren Menschen preisgibt, so ist er gewissermaßen »aller Dinge mächtig«. Er tut nämlich etwas, was keine Staatsmacht ihm abzwingen kann. Er bewährt und stärkt seinen Glauben und ist dabei zugleich Idealuntertan. »[W]eil ein rechter Christ auf Erden nicht ihm selbst, sondern seinem Nächsten lebt und dient, so tut er«, was »seinem Nächsten nutz und not ist. Nun aber das Schwert ein großer nötiger Nutzen ist«, »so gibt er sich auf's allerwilligste unter des Schwertes Regiment«, »dient, hilft und tut alles, was er kann, das der Gewalt förderlich ist.« »Ob du nicht bedarfst, daß man deinen Feind strafe, so bedarf's aber dein kranker Nächster, dem sollst du helfen«, »welches nicht geschehen mag, die Gewalt und Obrigkeit werde denn in Ehren und Furcht erhalten«. »Halte dich also, daß du alles leidest, damit du der Gewalt nicht bedürfest, daß sie dir

84 Matthäus 5,39

helfe und diene«, »sondern wiederum, daß du ihr helfest, dienest, nutz und not seiest.« (188 f.) »Darum, wenn du sähest, daß es am Henker, Büttel, Richter, Herrn oder Fürst mangelt«, »sollst du dich dazu erbieten« (189 f.).

Als Privatperson rechtlos, als Amtsperson gnadenlos, und in beidem selbstlos: so läßt der Glaubende das Reich Christi und das Reich der Welt reibungslos zusammenwirken zu einer von aller Eigensucht gereinigte Herrschaft – ohne jede persönliche Vorteilsnahme, aber auch ohne jeden höheren Zweck. Eine solche vom Reich Christi geläuterte Herrschaft an sich erscheint Luther als der bestmögliche irdische Zustand. »Wo eitel Unrechtleiden und eitel Rechttun ist, da ist kein Zank, Hader, Gericht, Richter, Strafe, Recht noch Schwert not« (183). Nur daß ein solcher Zustand auf Erden gar nicht vorkommen kann. Wo alle Recht tun, leidet niemand Unrecht. Die Vorstellung vom gleichzeitigen Unrechtleiden und Rechttun ist ausgesprochen sadistisch. Sie imaginiert Individuen, die sowohl völlig entrechtet als auch an ein Recht gefesselt sind, von dem sie für sich keinen Gebrauch machen dürfen. Diese Phantasie würde bestens in Dantes Inferno passen – als Strafe für Leute, die stets Recht beanspruchten, aber nicht tun wollten. Bei Luther steht sie für die optimale Wirkung des Reiches Christi auf Erden. Gerade das Bild der vollkommen selbstlosen Herrschaft, die nichts tun soll als den Teufel zu fesseln, trägt offensichtliche diabolische Züge.

Die Bauern

Wäre Luthers Verhalten im deutschen Bauernkrieg nicht bekannt – es ließe sich aus seiner Zwei-Reiche-Lehre bis ins einzelne herleiten. In Schwaben, einem der Zentren des Aufstands, hatten die Bauern zwölf Artikel an die Fürsten und Herren gerichtet. Im Namen der evangelischen, will sagen, der lutherischen Lehre, so wie sie sie verstanden, verlangten sie, ihre Pfarrer selbst wählen und vom Zehnten bezahlen zu dürfen, ferner die Aufhebung der Leibeigenschaft, das Recht auf Jagd, Fischfang und Holzfällen in der Umgebung ihrer Dörfer sowie die Entlastung von zusätzlichen, mit ihren Herren nicht vereinbarten Diensten und Abgaben. Luther bemerkte durchaus, daß die Eigensucht der Fürsten zu diesen Forderungen geführt hatte. »[I]hr schindet und schatzt, eure Pracht und Hochmut zu führen, bis es der arme, gemeine Mann nicht kann noch mag länger ertragen.«[85] Aber steckte in den Forderungen der Bauern nicht ebenfalls Eigennutz? Stand nicht Egoismus gegen Egoismus? Beide Seiten gefährdeten die Ordnung; beide sollten nachgeben und auf gütliche Einigung dringen. Mit einer Ausnahme – die Wahl der Pfarrer durch die Gemeinde – sagt Luther aber nicht, worauf man sich einigen soll, sondern nur, was nicht in Frage kommt. Die Bezahlung der Geistlichen mit dem Zehnten? Das wäre »eitel Raub und Strauchdieberei«, denn der gebührt der Obrigkeit. Die Aufhebung der Leibeigenschaft? Das hieße »christliche Freiheit ganz fleischlich machen«. Die übrigen Forderungen verweist Luther zur Prüfung an die Juristen.

Während er noch seine Ermahnung zum Frieden schreibt, ist der Aufstand der Bauern aber längst offen ausgebrochen, und nun ist schlagartig alles klar: Auch egoistische Herrschaft schafft Ordnung; Aufruhr hingegen ist stets des Teufels. »Darum soll hier zerschmeißen, würgen und stechen, heimlich oder öffentlich, wer da kann, und gedenken, daß nichts Giftigeres, Schädlicheres, Teuflischeres sein kann, denn ein aufrührerischer Mensch.«[86] Ist Luther hier die Sicherung durchgebrannt? Nein, er spricht nur offen und ohne Rücksicht auf die eigene Person aus, was sich aus der Freiheit eines Christenmenschen zwingend ergibt. Ein »freier Herr über alle Dinge« ist nur der innere Mensch;

85 Martin Luther, *Ermahnung zum Frieden auf die zwölf Artikel der Bauernschaft in Schwaben*, in: derselbe, Ausgewählte Werke (ed. Borcherdt/Merz), Band 4, München [3]1957, S. 124. Weiteres Zitat S. 140.

86 Martin Luther, *Wider die mörderischen und räuberischen Rotten der Bauern*, in: derselbe, Ausgewählte Schriften, 1916, l. c., S. 244. Weitere Zitate S. 248 und 249.

der äußere hat mit Leib, Sinnen und Vernunft »ein dienstbarer Knecht aller Dinge« zu bleiben. Dienstbar ist, wer der Ordnung dient, egal ob gläubig oder nicht. Auch Ungläubige können gute Regenten und Untertanen sein. Doch wie wacker sie auch ihres Amtes walten – selig können sie dadurch nicht werden. Wenn hingegen Gläubige Aufruhr niederschlagen, dann gehört das zu den guten Werken, die als gute Früchte direkt aus ihrem Glauben hervorgehen und ihn ebenso beweisen wie bewähren. Und unter extremen Umständen, wie im Jahr 1525, als der Aufstand der Bauern weite Teile Deutschlands erfaßte, nun, da nehmen auch die guten Werke extreme Formen an. »Solch wunderliche Zeiten sind jetzt, daß ein Fürst den Himmel mit Blutvergießen verdienen kann besser, denn andere mit Beten.« »Darum, liebe Herren, löset hier, rettet hier, helft hier, erbarmt euch der armen Leute. Steche, schlage, würge hier, wer da kann. Bleibst du darüber tot, wohl dir, seliglicheren Tod kannst du nimmermehr überkommen. Denn du stirbst im Gehorsam göttlichen Wortes und Befehles [...] und im Dienst der Liebe, deinen Nächsten zu retten aus der Hölle und Teufels Banden.«

Von Entgleisung kann keine Rede sein. Luther bleibt ganz in der Spur seiner Glaubenslehre, ja er vermeidet ausdrücklich das Messen mit zweierlei Maß. Aufruhr ist Aufruhr und zählt nicht weniger, wenn Bauern gegen die Fürsten meutern als wenn die Papstkirche gegen das Wort Gottes frevelt. Als Luther den Ablaß anprangerte und sich dabei einem ganzen Heer theologischer Aufrührer gegenübersah, da scheute er sich nicht, für seine Glaubensüberzeugung sein Leben aufs Spiel zu setzen. Wenn Fürsten und ihre Knechte sich nicht scheuen, in fester Glaubensüberzeugung aufrührerische Bauern niederzumetzeln, und dabei umkommen, so widerfährt ihnen, was ihm, dem Reformator, trotz Kirchenbann und Reichsacht auf wundersame Weise erspart geblieben ist: der Märtyrertod. Warum sollte man ihnen den absprechen? Warum sollte Luther ausgerechnet beim Thema Martyrium auf die Drastik und Farbenpracht seiner Sprache verzichten, von der seine Anhänger gewöhnlich gar nicht genug bekommen konnten? Er dachte gar nicht daran. Lutheraner legen es sich gern so zurecht, daß seine Ausfälle gegen die Bauern Fehltritte waren, die von seiner grundgütigen Rechtfertigungslehre abwichen. Dann können sie die Rechtfertigungslehre hübsch beibehalten und müssen seinen Aufruf zu Mord und Totschlag nicht verteidigen.[87] Luther selbst war kein Lutheraner. Er wußte um das innere Band zwischen diesem Aufruf und der Rechtfertigung allein aus Glauben. Und die »lieben Herren«, die er ermunterte, sich mit Würgen und Stechen den Himmel zu verdienen, hatten, schon ehe sie sein Pamphlet gegen die Bauern kannten, ganz in seinem Sinne gehandelt und das Werk der Barmherzigkeit und Nächstenliebe, das die Zwei-Reiche-Lehre im Falle des Aufruhrs von den Amtspersonen verlangt, gründlich vorangetrieben.

Der Gewaltaufruf gegen die Bauern war für Luther nicht minder eine Überzeugungstat als sein Statement auf dem Reichstag zu Worms. Reute ihn wenigstens nachträglich, daß er ein furchtbares Massaker an den Bauern verbal geschürt hatte? Dafür gibt es keinerlei Anzeichen. Die Nachricht von der vernichtenden Schlacht gegen die Bauern bei Frankenhausen im Mai 1525 hatte sich kaum herumgesprochen, da beraumte der Reformator ein persönliches Fest an. Selbst engste Weggefährten waren irritiert. »Du wunderst dich wohl, dass in so ernster Zeit, da die Guten überall so schwer leiden, dieser nicht mit den anderen leidet, sondern vielmehr, wie es scheint, schwelgt und seinen guten Ruf kompromittiert«, schreibt Melanchthon im Juni 1525 an Joachim Camerarius.[88] Mit »Schwelgen« war gemeint: Luther feierte Hochzeit. Als gereifter Mann von Anfang Vierzig tat er genau das, was seine Eltern zwei Jahrzehnte zuvor bereits

87 Etwa so: »Daß Luther in seiner zweiten Bauernschrift [...] Töne angeschlagen und eine Losung zur Gegenwehr ausgegeben hat, die von furchtbarer menschlicher Leidenschaft zeugen und seelsorgerliche Güte vermissen lassen, sollte man nicht bestreiten.« (Franz Lau, *Luther*, de Gruyter, Berlin ^{2}1966, S. 106)

88 Zitiert nach Heinz Schilling, l. c., S. 324

für ihn vorgesehen hatten: Er gründete eine Familie. Er kehrte in die bürgerliche Ordnung zurück, die er mit dem Eintritt ins Kloster verlassen hatte. Und er tat das genau in dem historischen Moment, als auch die politische Welt nach dem Bauernaufstand wieder zur Ordnung zurückzukehren schien. Er drückte dem Sieg der weltlichen Ordnung gewissermaßen sein privates Siegel auf und vollzog damit zugleich den letzten großen Schritt zurück zu den Eltern. Nie hatten sie sich mit dem Mönchsstand des Sohnes abgefunden. »Da ich aber hernach durch Gottes Gnade erleuchtet, die Kappe ablegete und ehelich ward, da nahm mich mein Vater zu Gnaden an, und wurde wieder lieber Sohn.«[89]

Der liebe Sohn – der ungezogene Sohn

Die Umkehr vom bösen zum lieben Sohn hatte natürlich viel früher angefangen: in dem Moment, als Luther sein Scheitern an der Klosterregel als höheren Gehorsam gegen die Eltern zu interpretieren begann. Von da an hat er den Mönchsstand gleichsam in Raten aufgegeben; auch dies wieder nach dem Modell des höheren Gehorsams. Statt die Klosterregel akribisch zu befolgen, arbeitet er wie ein Berserker; statt das Mönchsgelübde zu annullieren, erfüllt er es im Übermaß durch Bibeltheologie und Ablaßkritik. Noch zum Reichstag nach Worms reist er in der Kluft des Augustinermönchs, aber nicht mehr so, als stecke er in ihr; vielmehr wird sie durch ihn ausgefüllt. Von der Wartburg aus – buchstäblich von höherer Warte – nimmt er schließlich wieder Kontakt zum Vater auf und widmet ihm, der kein Latein kann, sein Gutachten über die Mönchsgelübde

89 So Luther mündlich zu Matthäus Ratzeberger, in: Otto Scheel, *Dokumente zu Luthers Entwicklung bis 1519*, Nr. 536, J. C. B. Mohr (Paul Siebeck), Tübingen 1929, S. 205. Ratzeberger war ein ebenso zuverlässiger Protokollant wie die Tischgenossen, die alles, was ihnen an Luthers Tischreden bedeutsam schien, sofort aufschrieben.

De votis monasticis – nicht etwa, »um Deinen Namen in der ganzen Welt bekannt zu machen, sondern um Gelegenheit zu haben, dem christlichen Leser in einem kurzen Vorwort Thema und Inhalt vorzustellen und auch [...] einiges über mich selber zu sagen«.[90] Er bekennt sich zunächst schuldig der »Möncherei, in welche ich mich ohne Dein Wissen und Deinen Willen begeben habe« und kommt dann auf einen Wortwechsel bei seiner Priesterweihe zu sprechen. Der Vater war zu diesem Anlaß in tiefer Bitterkeit mit einer Gefolgschaft und Gabe angereist, » als sollte er etwa ein Hochzeitsmahl ausrichten«[91]. »Als ich Dir, wie ein Sohn es gegen seinen Vater tut, Deinen Zorn schimpfend tadelte, da vergaltst Du mir, indem Du mir einen Stoß versetztest, der ins Schwarze traf«: »Ach, hast Du nicht auch gehört, daß man den Eltern gehorchen soll?« »All mein Lebtag habe ich von einem Menschen kaum ein Wort gehört, das tiefer in mich drang«.[92]

Doch warum erwähnt Luther das? Um eine späte Abbitte zu leisten? Im Gegenteil: um dem Vater eine Prüfungsfrage vorzulegen. »Willst du mich noch immer aus der Möncherei reißen? Du bist ja immer noch der Vater, ich immer noch der Sohn, und alle Gelübde sind mit Sicherheit unkräftig.« Doch der Sohn wartet nicht wirklich auf Antwort. Er gibt sie selbst. »Aber damit Du es Dir nicht als Verdienst anrechnest, ist Gott Dir zuvorgekommen, er selbst hat mich daraus befreit. Denn was macht es, ob ich Kutte und Tonsur trage oder nicht.« »Mein Gewissen ist befreit und erlöst«. »Deshalb schicke ich Dir dieses Buch, worin Du erkennen kannst, vermittels welcher Zeichen, Kräfte und Wunderwerke Christus mich von dem Gelübde der Möncherei erlöst hat. Er hat mich mit so großer Freiheit begnadet, daß ich,

90 Martin Luther, *Eine Vorrede an den Vater*, 1521, zitiert nach Wolfgang Beutin, *Der radikale Doktor Martin Luther*, Pahl-Rugenstein, Köln 1982, S. 31

91 Matthäus Ratzeberger, l. c., S. 204

92 Martin Luther, *Eine Vorrede an den Vater*, l. c., S. 32. Weitere Zitate S. 32 und 33.

obgleich von ihm zum Knecht aller Menschen gemacht, dennoch niemand unterworfen bin als ihm allein.«

Der Vater ist zwar noch der Vater, aber weit unter dem Sohn. Das vierte Gebot, das Gesetz der Eltern, hat sich durchgesetzt, aber ohne ihr Verdienst. Der Sohn nähert sich ihnen wieder an, aber von oben herab. Er tut, was sie am meisten wünschen, aber er tut es anders als gewünscht. Nichts hatten sie mehr ersehnt als seinen Austritt aus dem Kloster. Ihr elterlicher Instinkt sagte ihnen, daß damit seine Rückkehr zu ihnen begann. Und richtig, allmählich verschwand die Tonsur. Schließlich kam die frohe Botschaft ›Ich heirate‹, womit auch die Kutte einem weltlichen Gewand wich. Martin wurde tatsächlich »wieder lieber Sohn«, aber zu seinen Konditionen. Er führte mit den Eltern die Geschichte vom verlorenen Sohn noch einmal auf, aber in seiner Version. In ihr kommt der Sohn zwar wirklich nach Hause, aber nicht zerlumpt und zerknirscht, sondern als Adoptivsohn und Abgesandter eines Höheren. Ihm, dem wahren Vater, huldigen nun auch die leiblichen Eltern, indem sie an der Hochzeitstafel des Sohnes unter dessen Regie Platz nehmen.

Damit war seine Genugtuung perfekt. Und nun, nachdem genügend klargestellt war, daß ein höherer Gehorsam diesen Sohn seinen Eltern wieder zugeführt hatte, nicht der buchstäbliche, den sie von ihm verlangt hatten, da konnte das Gesetz der Eltern auch ganz direkt *sein* Gesetz werden, ohne jedes Mal den Umweg über die höhere Instanz des gnädigen Gottes zu nehmen. Dieses Gesetz trat im Hause des Reformators einen ganz profanen Siegeszug an. Er, dessen Konflikt mit Papstkirche und Kaiserreich eine historische Zäsur gesetzt hatte; der aus halb Europa in Glaubens- und Regierungsfragen konsultiert wurde; der eine neue evangelische Kirchen-, Staats- und Schulordnung entwarf; der dank der Tüchtigkeit seiner Ehefrau einen großen, halböffentlichen Haushalt mit reichlich Kostgängern im verlassenen Wittenberger Augustinerkloster führte; kurzum, der Mann, der anscheinend alles anders machte als sein Vater: der nahm, als seine eigenen Kinder heranwuchsen, in einem Maße die Züge dieses

Vaters an, als hätte er aus dem Konflikt mit ihm überhaupt keine eigene Erfahrung auf seinen weiteren Lebensweg mitgenommen.

Bekannt ist der entzückende Brief an seinen vierjährigen Sohn Hans über »einen hübschen, schönen, lustigen Garten. Da gehen viele Kinder drin umher, haben goldene Röcklein an und lesen schöne Äpfel unter den Bäumen und Birnen, Kirschen, gelbe und andere Pflaumen, singen, springen und sind fröhlich.« Das sind »Kinder, die gerne beten, lernen und fromm sind«. Die Pointe ist natürlich: Wenn du es mit deinen Gespielen diesen Kindern nachtust, »so werdet ihr miteinander in den Garten kommen«.[93] Also hübsch beten und lernen. Man merkt die didaktische Absicht – und ist dennoch nicht verstimmt. Der ausgesprochen liebevolle Ton, in dem Luther hier eine paradiesähnliche Szene ausmalt, und die Tatsache, daß er ein Kind, das allenfalls mit dem Buchstabieren beginnt, durchaus für würdig erachtet, alleiniger Empfänger eines ganzen Briefes zu sein, transportiert weit mehr als nur eine lehrerhafte Ermahnung. Gleichwohl rückt der Brief in ein anderes Licht, wenn man hinzunimmt, daß Hänschen schon drei Jahre später, also siebenjährig, in der Universität eingeschrieben wurde, dreizehnjährig die Rolle des Opponenten bei einer Promotion übernahm, noch im selben Jahr zum Baccalaureus promovierte und vom Vater eingeschärft bekam, daß in der Familie »alle einen glücklichen Verlauf und einen guten Abschluß Deiner Ausbildung erwarten«.[94]

Hans, der Erstgeborene, sollte selbstverständlich Theologe werden. Das erwartete Vater Martin mit der gleichen Striktheit, wie einst dessen Vater von ihm verlangt hatte, Jurist zu werden. Wußte er nicht mehr, wie sehr ihn das gebeutelt hatte? O doch; aber er hatte die Erinnerung daran von seiner eigenen väterlichen Erwartung völlig abgespalten. Nur so konnte sich das Drama zwischen ihm und seinem Vater nun zwischen ihm und seinem Sohn

93 Luther an seinen Sohn Hänschen, in: Günter Gloede (Hg.), *Reformatorenbriefe*, Evangelische Verlagsanstalt, Berlin 1973, S. 114f.

94 Zitiert nach Heinz Schilling, l.c., S. 349

unter umgekehrten Vorzeichen wiederholen. »Wenn du sollst ein Jurist werden, so wollt ich dich an einen Galgen hängen«,[95] hat er dem Halbwüchsigen gedroht – nicht, weil er ihn dann wirklich eigenhändig aufzuknüpfen gedachte, wohl aber, um ihm klar zu machen, daß er dann gegen das vierte Gebot verstieße. Und damit verstand Luther keinen Spaß. Einmal hat er Hans als derart ungehorsam empfunden, daß er sich drei Tage lang weigerte, ihn zu empfangen, auch nachdem dieser schriftlich und demütig darum gebeten hatte. Die Ehefrau, die Kollegen Jonas, Melanchthon und Cruciger legten sich ins Mittel, doch Luther beschied sie: »Ich will lieber einen toten Sohn denn einen ungezogenen haben«.[96]

Was für ein Vergehen konnte Luther zu solch ungeheuerlichen Worten hinreißen? Es ist nicht überliefert. Doch wenn drei wichtige Universitätsprofessoren intervenierten, wird es schwerlich eine rein innerfamiliäre Lappalie gewesen sein und ebensowenig etwas schlechthin Verwerfliches. Ging es vielleicht um die Wahl des Studienfachs? Wir wissen es nicht. Was wir aber wissen, ist, daß Hans sich gegen den Willen des Vaters in der juristischen Fakultät einschrieb. Er war dickköpfig genug, das Studium durchzuhalten, und wurde später fürstlicher Rat, also genau das, was sein Großvater für seinen Vater vorgesehen hatte. Im Enkel triumphierte der Großvater. Der Reformator, der im Hochgefühl des Glaubens über den Gesetzeswillen seines Vaters triumphiert hatte, mußte erleben, wie dieser Gesetzeswille in Gestalt der Juristerei seines Erstgeborenen in sein Haus zurückkehrte. Da unterschied er nicht mehr hübsch evangelisch zwischen einer Gesetzeskunde, die der Heilsbeschaffung dient, und einer, die frei aus dem Glauben fließt. Er sah nur noch die Widersetzlichkeit des Sohnes, seinen Verstoß gegen das vierte Gebot, den er in diesem Fall zugleich als Aufruhr gegen sein reformatorisches Werk

95 Zitiert nach Volker Leppin, *Luther privat*, Wissenschaftliche Buchgesellschaft, Darmstadt, 2006, S. 37
96 Ibidem, S. 39

empfand. Es spricht viel dafür, daß das die »Ungezogenheit« war, die er nicht verzeihen mochte.

Sein zweiter Sohn, der wie er Martin hieß, entsprach hingegen seinem Wunsch und studierte Theologie. Doch »er starb mit 34 Jahren ohne Studienabschluss und wohl an Alkoholsucht«[97] – nicht unbedingt ein Indiz dafür, daß sein Theologiestudium freudig aus freiem Glaubensgehorsam gequollen war. Der jüngste Sohn Paul machte eine beträchtliche Karriere, aber nicht als Theologe, sondern als Mediziner und Leibarzt an großen fürstlichen Höfen. Nur die einzig überlebende Tochter Margarethe nahm annähernd den vom Vater gewünschten Weg, heiratete – wenn auch keinen Theologen, so doch einen preußischen Rat – und wurde Mutter von neun Kindern. Mehr war für Töchter nicht vorgesehen, auch wenn sie nach Luthers Vorstellung auf diese Rolle durch eine Schulbildung vernünftig vorbereitet werden sollten.

So ist Luther zwar der Gründer des evangelischen Pfarrhauses mit reichem Kindersegen und Glaubenslehre bis in die Tischgespräche hinein. Aber in seiner eigenen Familie pflanzte sich dieses Pfarrhaus gerade nicht fort; um so mehr dafür das Gesetz der Eltern – in einer fatalen Personalunion. »Dein leiblicher und geistlicher Vater« unterschrieb Luther gelegentlich an seine Söhne, und seinen Kindern gegenüber vermochte er diese zwei Vaterschaften nicht auseinanderzuhalten: den menschlich-allzumenschlichen Vaterwillen, der nach dem vierten Gebot strikten Kindesgehorsam verlangte, und das reformatorische Werk. Bei Luthers zu Hause war die Freiheit des Glaubens schlicht Kindespflicht. Wozu da noch ein Freiraum eigenen Ringens, eigener Einsicht und Erleuchtung? Theologisch gesprochen: Das Evangelium war hier Gesetz, und zwar in seiner Elementarform: Gesetz der Eltern.[98] Jedes Aufmucken gegen einen leiblichen Vater, der

97 Zitiert nach Heinz Schilling, l. c., S. 349

98 Kein Zufall, daß mit seiner Familiengründung das vierte Gebot für Luther zur Keimzelle aller Ordnung wird. »Denn aus der Eltern Obrigkeit fließet und

zugleich das Evangelium verkörperte, stand sogleich im Verdacht, auch Widerborstigkeit gegen das Evangelium selbst zu sein.

Wenn Luther Kinder als das »lieblichste Pfand in der Ehe« bezeichnete, wenn er sie frei durchs Haus und sogar, während er arbeitete, um seinen Schreibtisch wuseln ließ; wenn er an sein herzliebstes Hänschen schrieb, das Bild seiner Lieblingstochter Lenchen auf der Veste Coburg vor sich aufbaute oder überlegte, was er seinen Lieben vom Jahrmarkt mitbringen sollte, so hatte er stets kleine, verheißungsvolle, bildsame Wesen vor Augen, in die er seine väterlichen Erwartungen ungehemmt hineinprojizieren konnte. Solange das funktionierte, war er ein liebender Kinderfreund. Sobald die Kindlichkeit die Form der Widersetzlichkeit annahm, war sie mit Zucht und Rute auszutreiben. Für die damalige Zeit war das kein außergewöhnliches Erziehungsverhalten. Bei Luther hat es allerdings eine zusätzliche Pointe. Es stellt die Blaupause für etwas dar, was damit gewöhnlich gar nicht in Verbindung gebracht wird: sein Verhältnis zu den Juden.

Juden und Hexen

Zur Zeit seines kometenhaften Aufstiegs verstand sich Luther als Freund der Juden. Deren Lebensbedingungen hatten sich im Laufe des 15. Jahrhunderts destabilisiert. »So war der traditionelle Judenschutz der Universalmächte Kaiser und Papsttum verblasst, ja bedeutungslos geworden. Die Territorialisierung des Judenregals, also des Übergangs der Gesetzesgewalt über die Juden vom Kaiser auf die Fürsten oder reichsstädtischen Magistrate, führte zu einer Zersplitterung der Rechtslage und der

breitet sich aus alle andere.« Hier »ist auch zu reden von weltlicher Obrigkeit, welche [...] alle in den Vaterstand gehöret und am allerweitesten sich erstreckt. Denn hier ist nicht ein einzelner Vater, sondern die Obrigkeit ist so vielmal Vater, so viel sie Einwohner, Bürger oder Untertanen hat. Martin Luther, *Der große Katechismus*, 1529, in: Kurt Aland (Hg.), *Luther Deutsch*, Band 3, Evangelische Verlagsanstalt, Berlin 1949, S. 45 und 47

Lebensverhältnisse und gefährdete damit die Einheitlichkeit der deutschen Judenschaft. Nicht weniger gravierend waren die ökonomischen und sozialen Umbrüche. Gegenüber den neuen Weltfirmen wie den Fuggern in Augsburg wurden die Geld- und Finanzdienste der Juden mehr und mehr an den Rand gedrängt, ohne dass sich die Möglichkeit geboten hätte, den Verlust durch Umstellung auf Handel, Gewerbe oder gar Grundbesitz zu kompensieren. Gleichzeitig nahmen unter den städtischen Handwerkern und Händlern, die sich ebenfalls von den Veränderungen bedroht sahen, die Ressentiments gegen die Juden zu.«[99] Diese hatten unter solchen Bedingungen durchaus ein Ohr für den reformatorischen Freiheitssound, und auch Luther witterte eine historische Chance. Wenn es stimmte, daß die Endzeit angebrochen war, in der der Satan noch einmal auf furchtbare Weise umgehen durfte, war dann nicht auch die Zeit gekommen, die der Apostel Paulus für seine jüdischen Stammesgenossen herbeigesehnt hatte, die Zeit, in der ihre Verstocktheit gegen das Evangelium der Einsicht weichen würde, daß der Jude Jesus tatsächlich sowohl der Christus (= Messias) als auch der Sohn Gottes sei?[100]

Es war den Juden nicht anzulasten, wenn sie der Papstkirche diese Botschaft nicht abnehmen wollten. »Denn unsere Narren, die Päpste, Bischöfe, Sophisten und Mönche, die groben Eselsköpfe, haben bisher also mit den Juden gefahren, daß wer ein guter Christ gewesen wäre, hätte wohl ein Jude zu werden gemocht. Und wenn ich ein Jude gewesen wäre und hätte solche Tölpel und Knebel gesehen den Christenglauben regieren, so wäre ich eher eine Sau geworden denn ein Christ.«[101] Man gibt »ihnen die Schuld, sie müßten Christenblut haben, damit sie nicht stinken, und weiß nicht, was des Narrenwerks mehr ist,

99 Heinz Schilling, l. c., S. 553

100 Römer 9–11

101 Martin Luther, *Daß Christus ein geborener Jude sei*, 1523, zitiert nach Walther Bienert, *Martin Luther und die Juden*, Evangelisches Verlagswerk, Frankfurt am Main 1982, S. 75. Weitere Seitenangaben im Text.

daß man sie gleich für Hunde hält. [...] Item, daß man ihnen verbietet, unter uns zu arbeiten, hantieren und andere menschliche Gemeinschaft zu haben, womit man sie zum Wuchern treibt, wie sollte sie das bessern?« (80) »Ich hoffe, wenn man mit den Juden freundlich handelt und aus der heiligen Schrift sie säuberlich unterweist, es sollten ihrer viele rechte Christen werden«. (75) Nur muß man dabei sachte vorgehen. Das geschundene Volk, dem Christus »nach dem Fleische« entstammt, ist von den Christen zu scheu gemacht worden, als daß es das ganze Evangelium aufs Mal verträgt. »[E]s ist zum Anfang zu hart. Laß sie zuvor Milch saugen und aufs erste diesen Menschen Jesus für den rechten Messias erkennen. Danach sollen sie Wein trinken und auch lernen, wie er wahrhaftiger Gott sei. Denn sie sind zu tief und zu lange verführt, (so) daß man muß säuberlich mit ihnen umgehen, als denen es ist allzu sehr eingeprägt, daß Gott nicht möge Mensch sein.« (80)

Die Juden nicht länger im Getto halten, sie vielmehr am sozialen Leben teilhaben lassen, sie freundlich ansprechen und ihnen das Evangelium in Portionen darbieten, die sie verdauen können: das ist genau die Mentalität, die ein halbes Jahrzehnt später Luthers Pfarrhaus charakterisiert, wo die Kleinen nicht ins Kinderzimmer gesperrt werden, bei Tisch, Arbeit und Geselligkeit stets dabei sind und altersgemäß freundlich unterwiesen werden. Wie schön, solange sie dies alles fügsam mitmachen. Auch mit den Juden fügte es sich zunächst nicht schlecht. Zu einigen von ihnen waren Luther und die Seinen sogar ganz besonders freundlich; man brauchte sie nämlich. Die Universität Wittenberg hatte, um die heilige Schrift im Urtext zu lehren, eine Hebräischprofessur eingerichtet. Aber wer konnte schon Hebräisch? Da kam »der getaufte Jude Bernhard«, ein gelehrter Rabbi aus Göppingen, der unter dem Eindruck von Luthers Schriften und Predigten konvertiert war, gerade recht. Er durfte die Stelle vertreten, bis ein ordentlicher Professor gefunden war, danach auch noch einige Zeit als Privatlehrer Hebräisch unterrichten. Später verschlug es ihn, den hochgebildeten Judaisten und

Volltheologen, als Küster in die sächsische Provinz. Ihm ein reguläres Pfarramt zu verschaffen – das kam für Luther gar nicht in Betracht. Immerhin wurde er Pate bei Bernhards Erstgeborenem und nahm später, als Bernhards Familie sich auflöste, eines seiner Kinder in seinen Haushalt auf. Aber alles das hatte den Charakter hoffnungsvoller Mildtätigkeit und geschah nur solange wie Luther in Bernhard den »Vorboten einer von der Wiederentdeckung des Evangeliums ausgelösten Übertrittswelle«[102] sah.

Als diese Welle ausblieb; als führende Rabbiner zwar weiterhin Kontakt zu Luther suchten, aber um mit ihm theologisch zu disputieren, nicht um sich taufen zu lassen; als schließlich ihr Oberhaupt, Josel von Rosheim, eigens nach Sachsen reiste, um Luther für Mittlerdienste mit dem sächsischen Kurfürsten zu gewinnen, der den Juden gerade das Durchzugsrecht durch sein Territorium entzogen hatte: da reagierte Luther wie ein gekränkter Vater. Er hatte es so gut mit ihnen gemeint, und der Dank für all seine Zuwendung und Milde war nun, daß sie ihn für eigene Zwecke einzuspannen versuchten, statt seine ausgestreckte Hand zu einer behutsamen Bekehrung freudig zu ergreifen. Luther war ebensowenig bereit, Josel zu empfangen, wie seinen Sohn Hans, als er ihn »ungezogen« fand. Und es ist womöglich mehr als bloß ein zufälliges Nacheinander, daß Luther ein Jahr nachdem er Hans zu Markus Crodel an die neu gegründete altsprachliche Schule in Torgau geschickt und ihm Besuche zu Hause verboten hatte, seinen haarsträubenden Sieben-Punkte-Plan gegen die Juden veröffentlichte. »Erstlich, daß man ihre Synagoge oder Schule mit Feuer anstecke und, was nicht verbrennen will, mit Erde überhäufe und beschütte, daß kein Mensch einen Stein oder Schlacke davon sehe ewiglich.« »Zum andern, daß man auch ihre Häuser desgleichen zerbreche und zerstöre. Denn sie treiben eben dasselbige darinnen, das sie in ihren Schulen treiben.« »Zum dritten, daß man ihnen nehme alle ihre Betbüchlein und Talmudisten, darin solche Abgötterei, Lügen, Fluch und Lästerung gelehrt

102 Heinz Schilling, l. c., S. 555

wird.« »Zum vierten, daß man ihren Rabbinern bei Leib und Leben verbiete, hinfort zu lehren.« »Zum fünften, daß man den Juden das Geleit und Straße ganz und gar aufhebe«. »Zum sechsten, daß man ihnen den Wucher verbiete und nehme ihnen alle Barschaft und Kleinod und lege es zur Verwahrung beiseite.« »Zum siebenten, daß man den jungen starken Juden und Jüdinnen in die Hand gebe Flegel, Axt, Karst, Spaten, Rocken, Spindel und lasse sie ihr Brot verdienen im Schweiß der Nasen, wie Adams Kindern Gen 3,19 auferlegt ist. Denn es taugt nicht, daß sie uns verfluchte Gojim wollten im Schweiße unseres Angesichts arbeiten lassen und sie, die heiligen Leute, wollten es hinter dem Ofen mit faulen Tagen, Festen und Pomp verzehren.«[103]

Nur gefangen genommen oder getötet werden sollen die Juden nicht. Ansonsten läßt Luther keine Erniedrigung und keine Häme aus. War er Antisemit? Dies Wort macht nicht verständlich, was in ihm vorging. Es entstammt einer späteren Zeit, als die Juden nicht mehr durch ihre vom Christentum abweichende religiöse Einstellung Anstoß erregten, sondern durch etwas, was auch bei religiös Indifferenten davon zurückgeblieben war: ein komplexes Ensemble von Riten, Gebräuchen, Gewohnheiten, Haltungen, Gesten und sozialer Lage. Für dieses schwer greifbare Ensemble des »Andersseins« sollte das Stereotyp der jüdischen Rasse herhalten. Es gab der Stigmatisierung der Juden eine neue Wendung. Seine Religion konnte man durch Konversion loswerden; seine Rasse nicht. Die Konversion aber war das, was Luther an den Juden interessierte. Er nahm sie lediglich als Bekehrungsmasse wahr. Dem urchristlichen Evangelium hatten sie sich verschlossen. Nun bot es sich ihnen in seiner wiederhergestellten authentischen Version in der Endzeit ein zweites Mal dar. Und wieder wollten sie nicht. Daß sie der Papstkirche nicht beitraten, war in Ordnung. Aber daß sie sich der evangelischen Predigt nicht öffneten, die ihnen so behutsam und respektvoll entgegenkam; daß sie

103 Martin Luther, *Von den Juden und ihren Lügen*, 1543, zitiert nach Walther Bienert, l.c., S. 149f.

selbst durch den Reformator kein Gefühl für ihren Blutsverwandten Jesus bekommen wollten (daher Luthers Rede vom »wässerig und wild« gewordenen »jüdischen Blut«, nicht weil ihm die Juden rassisch minderwertig erschienen[104]): das war eine kapitale Ungezogenheit. Hier war im Großen zu verfahren wie mit dem ungezogenen Hans im Kleinen. Läßt sich die Verstocktheit nicht austreiben, so müssen die Verstockten selbst ausgetrieben werden – so lange, bis sie anderen Sinnes werden.

Das heißt aber auch: Bei ihnen geht man nicht bis zum Äußersten. Wie Luther seinen Sohn nicht wirklich aufhängen wollte, falls er Jura studierte, so rief er auch die Obrigkeit nicht dazu auf, die Juden zu würgen und stechen. Sie bedrohten ja nicht, wie einst die Bauern, gewalttätig die weltliche Ordnung, waren zwar verstockt und insofern durchaus vom Teufel besessen, aber doch unbewaffnet und wehrlos. Ihr Aufruhr war nur passiv. Doch neben unbewaffnetem passiven und bewaffnetem aktiven Aufruhr gibt es für Luther noch etwas Drittes: Menschen, die maximalen aktiven Aufruhr betreiben, obwohl sie physisch mindestens so wehrlos erscheinen wie die Juden. Das sind die Allerschlimmsten. »Die Zauberer oder Hexen, das sind die bösen Teufelshuren, die da Milch stehlen, Wetter machen, auf Böcken und Besen reiten, auf Mänteln fahren, die Leute schießen, lähmen, verdorren, die Kinder in der Wiege martern, die ehelichen Gliedmaßen bezaubern«, »die da können den Dingen eine andere Gestalt geben, daß eine Kuh oder Ochs scheinet, das in Wahrheit ein Mensch ist, und die Leute zur Liebe und Buhlschaft zwingen, und des Teufels Dinge viel.«[105] »Zauberei und Hexerei sind des Teufels eigene Werke, womit er den Leuten nicht allein Schaden zufügt, sondern, wenn Gott es zuläßt, sie

104 Heinz Schilling, l. c., S. 568 f.

105 Martin Luther, *Kirchenpostille*, 1522, zitiert nach Nikolaus Paulus, *Luthers Stellung zur Hexenfrage*, in: derselbe, *Hexenwahn und Hexenprozeß*, Herder, Freiburg 1910, S. 26. Die Realität der Hexenfahrten hat Luther zwar an andern Stellen in Zweifel gezogen, an allen andern Unterstellungen aber unbeirrt festgehalten.

auch zuweilen umbringt.« »Darum kann er auch durch seine Zauberinnen den Kindern wohl Schaden zufügen. Ja, er kann sogar ein Kind stehlen und sich selbst statt seiner in die Wiege legen, wie ich denn gehört habe, daß ein solches Kind in Sachsen gewesen sein soll, welches fünf Frauen nicht genug haben stillen können.«[106] »Wiewohl alle Sünden ein Abfall von Gottes Werken sind, womit Gott greulich erzürnt und beleidigt wird, so mag doch die Zauberei von wegen ihres Greuels recht genannt werden eine Rebellion und solch Laster, womit man sich vornehmlich an der göttlichen Majestät vergreift«.[107] Mit andern Worten: Politischer Aufruhr greift zwar die weltliche Ordnung an. Aber die Zauberei bringt die Naturelemente in Aufruhr; sie greift den Schöpfer selbst an. Das ist die Rebellion schlechthin. Luther fühlte sich von ihr persönlich so angefaßt, daß er sich bei ihrer Bekämpfung um einiges mitwirkungsbereiter zeigte als im Fall der Juden und Bauern. »Ich habe dieser Tage einen Ehefall gehabt, da die Frau den Mann mit Gift umbringen wollte, also daß er Eidechsen hat ausgebrochen. Da sie auf der Folter verhört wurde, wollte sie nichts bekennen. Denn solche Zauberinnen sind stumm und verachten die Pein. Der Teufel läßt sie nicht reden. Derartige Tatsachen geben Zeugnis genug, daß man an solchen Leuten ein Exempel statuiere, damit andere abgeschreckt würden.« »Mit denselben soll man keine Barmherzigkeit haben. Ich wollte sie selber verbrennen, wie man im Gesetz liest, daß die Priester angefangen haben, die Übeltäter zu steinigen.«[108]

In solchen Äußerungen lodert der Hexenglaube auf einem sehr elementaren Niveau. Natürlich wurden damals alle Kinder von klein auf in seine Vorstellungswelt eingeübt, wenn auch nicht alle gleich intensiv. Daß Luther besonders empfänglich

106 Martin Luther, *Kommentar zum Galaterbrief*, 1519, zitiert nach Nikolaus Paulus, l. c., S. 34. Dieser Passus fehlt in der Calwer Luther-Ausgabe.

107 Johannes Aurifaber, *Luthers Tischreden*, Eisleben 1566, 307 b, zitiert nach Nikolaus Paulus, l. c., S. 42

108 Johannes Aurifaber, *Luthers Tischreden*, l. c., 308 a, zitiert nach Nikolaus Paulus, l. c., S. 37 f.

für sie war, darf als sicher gelten. Der Dämon, der ihn im Kloster direkt anzufassen schien und »Ich bins nicht« schreien ließ, ist undenkbar ohne eine kindliche Vorgeschichte. Auch wenn sie sich kaum mehr aufhellen läßt, so fällt doch auf, mit welcher Unmittelbarkeit die Zauber- und Hexenwelt in den angeführten Zitaten aufsteigt. Jegliche Realitätsprüfungsinstanz fällt aus. Nun wissen wir zwar, daß Luther den Teufel zeitlebens für bare Münze nahm und gelegentlich Anwandlungen hatte, in denen er ihn nachts direkt rumpeln und spuken zu hören meinte; die Legende vom Tintenfaß, das er nach ihm geworfen haben soll, ist ein Niederschlag davon. Das ändert nichts daran, daß er durchaus fähig war, seine Teufelsvorstellungen in sein theologisches Konzept zu integrieren. Der Teufel gewinnt dabei die Rolle eines Jokers. Er geht zunächst in der Papstkirche um; sein Hauptsitz ist Rom. Dann schleicht er sich auch ins Lager der Lutheraner, fährt in die Schwärmer, die die Freiheit eines Christenmenschen »fleischlich« verstehen, in die Bauern, die für bessere Lebensbedingungen streiten. Er trübt den Zwinglianern die rechte Sicht aufs christliche Abendmahl, er läßt von den Juden nicht ab, die er noch einmal besonders verstockt. Und selbst in den Poren des Alltags, wo die Kinder widerborstig gegen die Eltern werden, ist er es, der ihre Seelchen mit verderblichem Ungehorsam anficht.

Kurzum, der Teufel sitzt überall, wo sich Widerstand zeigt, und wo immer es Widerstand zu überwinden oder zu brechen galt, lief Luther zu Hochform auf. Der Ablaß – Tetzel – Cajetan – Eck – der Papst: Sprosse um Sprosse schwang sich an ihnen seine frisch erworbene Gewißheit, durch das Klostergesetz »hindurch« zu sein, zum manischen Hochgefühl jenes Glaubens auf, den er dann in Worms so eindrucksvoll demonstrierte. Von nun an mußte er freilich sehen, wie er sich dieses Hochgefühl erhielt. Es verdankte sich dem Widerstand. Der Teufel erwies sich als das mentale Opiat, das Luther dringend brauchte, um auf dem Niveau seiner Glaubensgewißheit und seiner manischen Produktivität (die untrennbar voneinander sind) zu bleiben. Als nach den bewegten Jahren von 1517 bis 1525, in denen sich die

Ereignisse schier überschlagen hatten, eine gewisse Beruhigung trat, der Bauernaufstand niedergeschlagen, ein eigener Hausstand gegründet und das herzliebste Hänschen geboren war, da entspannte sich Luther nicht etwa. Im Januar 1527 verfiel er vielmehr in einen Zustand von Angst und Depression – einen der tiefsten und langwierigsten in seinem Leben. Sein Herz »zappelt«, Schweißausbrüche und Weinkrämpfe befallen ihn, eine innere Stimme fragt: »Du bist allein klug? [...] Wie, wenn du irrest und so viele Leute zum Irrtum verführest, welche alle ewiglich verdammt werden?«[109] Er fühlt sich »in den Tod und die Hölle geworfen«, »am ganzen Körper verletzt und mit zitternden Gliedern«, »habe Christus fast vollständig verloren und werde von Strömen und Stürmen der Verzweiflung und Gotteslästerung getrieben«, schreibt er an Melanchthon.[110] Agricola gesteht er: »Der Satan rast mit seiner ganzen Kraft gegen mich, und der Herr hat mich ihm ausgeliefert wie einen zweiten Hiob«.[111] Bugenhagen muß zeitweilig in sein Haus einziehen. Wiederholt bittet er seine Freunde, ihm seine Lehre von der Rechtfertigung allein aus Glauben zu bestätigen, damit er selbst daran glauben kann. Er beklagt das Sinken seiner literarischen Produktivität. Ungefähr ein Jahr lang überkommen ihn längere und kürzere Anfälle; dann ebben sie ab.

Was war geschehen? Der Psychiater Paul J. Reiter hat eine Psychose vermutet, die nur deshalb irgendwann ohne ersichtliche äußere Beweggründe habe ausbrechen können, weil Luther sie latent längst schon mit sich herumgeschleppt habe.[112] Jedoch dürfte es gerade umgekehrt sein: *Weil* bestimmte äußere Beweggründe fehlten, stellten sich die beschriebenen Zustände ein.

109 Zitiert nach Erikson, l. c., S. 266

110 Luther an Melanchthon, 2.8.1527, zitiert nach Paul J. Reiter, *Martin Luthers Umwelt, Charakter und Psychose*, Band II, Ejnar Munksgaard, Kopenhagen 1941, S. 102

111 Luther an Agricola, 21.8.1527, ibidem

112 Paul J. Reiter, *Martin Luthers Umwelt, Charakter und Psychose*, Band II, l. c., S. 99 ff.

Luther hatte sich fast ein Jahrzehnt lang an eine hohe Dauerdosis seines mentalen Opiats gewöhnt, und nun, im neu errichteten Hausstand, verminderte sich diese Dosis. Er begann an Entzugserscheinungen zu leiden. Geahnt hatte er diese Gefahr freilich schon im Glaubensrausch des Jahres 1520. »Denn wer ist eine Stunde lang ohne Anfechtung? Ich will dabei schweigen von den Anfechtungen durch das, was uns zuwider ist, deren es unzählig viele sind. Ist doch das sogar die gefährlichste Anfechtung, wenn keine Anfechtung da ist und alles wohl steht und gut geht«.[113] Dann nämlich – geht der Stoff aus. Am infamsten ist der Teufel, wenn er ruht. Er setzt dann den Gläubigen auf Entzug.

Damit mußte Luther erst einmal lernen, zurechtzukommen. »Denn ich kann nicht beten, ich muß dabei fluchen. Soll ich sagen: Geheiligt werde dein Name, muß ich dabei sagen: Verflucht, verdammt, geschändet müsse werden der Papisten Name und aller, die deinen Namen lästern. Soll ich sagen: Dein Reich komme, so muß ich dabei sagen: verflucht, verdammt, verstöret müsse werden das Papsttum [...]. Wahrlich, so bete ich alle Tage mündlich und mit dem Herzen ohn Unterlaß«.[114] Das sind seltene lichte Momente der Introspektion, in denen Luther selbst sagt, wie sehr er der diabolischen Widerstände bedarf. Sein Lechzen nach dem Hochgefühl, das ihre Überwindung und Brechung beschert, offenbart sich als Musterfall dessen, was Nietzsche »Wille zur Macht« genannt hat.[115]

Augustins Dämonenlehre hatte versucht, das Böse nicht nur als individuelles Fehlverhalten, sondern als strukturelle Gewalt einsichtig zu machen. Thomas von Aquin verfeinerte diese Lehre so, daß sie fähig wurde, den Volksaberglauben, gegen den sie nie völlig immun gewesen war, durch die Hintertüren aristotelischer

113 Martin Luther, *Sermon von den guten Werken*, l.c., S. 142

114 Martin Luther, *Wider den Meuchler zu Dresden*, 1531, zitiert nach Erikson, l.c., S. 272

115 Friedrich Nietzsche, *Jenseits von Gut und Böse*, Kritische Studienausgabe, l.c., Band 5, S. 55

Argumentationsweise ganz in sich aufzunehmen und seine flächendeckende Verbreitung im Abendland zugleich zu moderieren. Luther hingegen versucht erst gar nicht mehr, diesen Aberglauben mit Universitätsstandards abzugleichen. Er behält ihn so krude bei, wie er ihn in seiner Jugend vorgefunden hat und schlägt ihn direkt seiner diabolischen Opiatmasse zu – ohne ihn einer nennenswerten Realitätsprüfung zu unterziehen, ohne ihn, wie es der Hexenhammer getan hat, in ein juristisches Verfahren einzugliedern, aber auch nahezu ohne biblische Fundierung. »Die Zauberinnen sollst du nicht am Leben lassen«[116] ist sein mageres Mantra, und der vage Hinweis darauf, daß jüdische Priester gelegentlich Übeltäter gesteinigt haben, dient ihm als Legitimation dafür, wehrlose Frauen ohne Umstände dem Feuertod auszuliefern: »Ich wollte sie selbst verbrennen.«[117] Das ist eine

116 Exodus 22,18

117 Diesen Satz haben Aurifaber (siehe Fußnote 108) und Anton Lauterbach (*Anton Lauterbachs Tagebuch auf das Jahr 1538*, herausgegeben von K. Seidemann, Dresden 1872, S. 121, zitiert nach Paulus, l. c., S. 38), gleichlautend überliefert. Beide gehörten damals zu Luthers ständigen Tischgenossen und zu den aufmerksamen Protokollanten seiner Worte. »Es schrieben diese Männer, so merkwürdig uns dies erscheinen mag, gewöhnlich gleich an Luthers Tisch nach, als säßen sie im Kolleg.« (E. Kroker, *Luthers Tischreden in der Mathesischen Sammlung*, Leipzig 1903. zitiert nach Paulus, l. c., S. 37) Schwer vorstellbar, daß sich beide verhört haben. Aber bei Luthers Hexen-Statements haben Lutheraner immer wieder versucht, sich herauszureden. Entweder man legte das Skandalöse seinen Protokollanten zur Last, als hätten sie »mit großer Vorliebe den vorgefundenen Stoff durch Rohheiten und Gemeinheiten gewürzt«. »Nicht Luther am häuslichen Herd, sondern die Herausgeber oder Sammler der vielbesprochenen Tischreden sind roh, unflätig und gemein.« (O. Waltz, 1878, zitiert nach Paulus, S. 40 und 39) Oder man blendete diese Statements einfach aus. »Vor einem Wüten gegen Teufelsdiener und Hexen, wie es im Gottesstaat Calvins und den bischöflichen Gebieten an der Tagesordnung war, bewahrte ihn [Luther] seine humane, milde Gesinnung.« (A. Hausrath, *Luthers Leben* II, 1904, zitiert nach Paulus, S. 22) Als der Katholik Paulus seine hier zitierten Hexenstudien 1910 veröffentlichte, fühlte er sich auch »von protestantischer Seite« dazu aufgefordert. »›Hoffentlich faßt Paulus demnächst seine zahlreichen Untersuchungen zu einem Buche zusammen‹ (Theologischer Jahresbericht für 1908, XXVIII 596).« (Paulus, S. V) Wirklich an sich herangelassen hat der Protestantismus diese

andere Tonlage als »Wenn du sollst ein Jurist werden, so wollt ich dich an einen Galgen hängen«. Hier bekräftigt jemand seine Bereitschaft, selbst Hand anzulegen. Und wieder einmal hat er unverschämtes Glück gehabt. Es kam damals in Wittenberg zu keinem Hexenprozeß. Es blieb Luther erspart, als Hexenverbrenner aktenkundig zu werden.

Der Überzeugungstäter

Die Bauern, die Juden, die Hexen: jedes Mal hat Luther zu Untaten aufgerufen. Die Fürsten haben zwar auf seinen Aufruf nicht erst gewartet; gestärkt hat er sie dennoch. Der sächsische Kurfürst berief sich hingegen ausdrücklich auf Luther, als er den Juden den Durchzug durch sein Territorium verbot.[118] Und daß Luthers Befürwortung von Hexenverbrennung eine historische Weichenstellung war, liegt auf der Hand. Bald loderten auch in protestantischen Gebieten die Scheiterhaufen, ohne daß umständliche Inquisitionsprozesse angestrengt werden mußten. In allen drei Fällen war Luthers Verhalten alles andere als eine Entgleisung. Es ging genauso aus dem Herzen der Rechtfertigungslehre hervor wie sein Auftritt in Worms. Weil »wider das Gewissen zu handeln beschwerlich, unheilsam und ferlich ist«: das hätte er auch den Bauern, Juden und Hexen zurufen können. Hier war er genauso Überzeugungstäter wie dort: guten Gewissens, stark im Glauben, ohne Zweifel daran, daß »im Aufruhr keine Vernunft« ist, »wie gerechte Sache er auch habe«. Keinen Millimeter ist er von seiner Zwei-Reiche-Lehre abgewichen.

Jener Luther hingegen, der auf der nominalistischen *via moderna* so kräftig, unbeirrt und nur dem eigenen Gewissen verantwortlich voranschritt, daß er dabei zu einer neuen Epoche

Untersuchungen bis heute nicht. Nicht einmal in Schillings Standard-Biographie finden sie Erwähnung.

118 Cf. Heinz Schilling, l. c., S. 561

durchstieß, ist ein Popanz – lediglich der Götze einer orientierungslosen Moderne, die sich nach einem knorrigen, Halt gebenden Ahnherrn sehnt. Luthers Begriffe von Arbeit überhaupt, von instrumenteller Vernunft und von selbstloser Herrschaft erscheinen im Rückblick zwar sehr modern, als hätten sie die dequalifizierte Industriearbeit, eine auf Technik reduzierte Rationalität und den abstrakten, unpersönlichen Zwang zum wirtschaftlichen Wachstum bereits vorgedacht oder gar vorbereitet. Faktisch dienen diese Begriffe bei Luther aber der *reformatio*, der endzeitlichen Wiederherstellung der authentischen Christenheit. *Sie* war sein Projekt, nicht »die Moderne«. Gerade an Luther kann man lernen, daß die Moderne nichts Geplantes war, sondern aus einem Parallelogramm widerstreitender Kräfte hervorgegangen ist, die nach neuen Mitteln und Wegen suchten, Zerfallendes wiederherzustellen, und dabei eine neue Epoche einleiteten, die sie gar nicht intendierten. Die Moderne ist ebensowenig ein »Projekt« wie Luther ihr Ahnherr.

Der Glaubensmann Luther, der strikt auf der Begrenzung geistlicher wie weltlicher Macht bestand: ausgerechnet er eröffnete dem Willen zur Macht eine Dimension, in die so noch kein Priester oder Herrscher vorgedrungen war. Er gehört in die Reihe der prominenten Machtmenschen der Neuzeit, etwa wie ... ja, wie wer? Welcher Vergleich wäre angemessen? Gewiß nicht der wohlfeile mit Hitler, der sich vordergründig an Luthers späte Einlassungen zu den Juden heftet und komplett verkennt, wie tief die niederen Beweggründe und das intellektuelle Kleinformat Hitlers unterhalb des moralisch-geistigen Niveaus Luthers rangieren. Aber wie wäre es mit diesem: einem hoch Gebildeten, der in einer Gesellschaft aufwuchs, die er nur als korrupt und verfault wahrnehmen konnte; der sich früh schon einer Lehre verschrieb, die seiner Empörung gegen diese Gesellschaft Rückhalt bot; der mit größter Intensität die Schriften dieser Lehre studierte und Verfolgung und Exil für seinen Glauben an sie auf sich nahm; dessen Klosterzelle jahrelang eine Stadtbibliothek war, in der er sein Hauptwerk schrieb; und dessen historischer Durchbruch sich schließlich in Gestalt einer legendären Eisenbahnreise von Zürich nach Petersburg vollzog: Wladimir Iljitsch Uljanow, genannt Lenin. Mit größter Selbstsicherheit übernahm er vom ersten Tag an die Führung der Revolution und setzte seine Version der marxistischen Lehre mit ebenso bewundernswerter wie erschreckender Konsequenz durch: gegen die westlichen Armeen der alten Ordnung (sozusagen die »Papisten«) genauso wie gegen die Abweichler von seinem Kurs nach innen, seien es die Anarchisten (die »Schwärmer«), die Reformisten (die lediglich innerhalb der Papstkirche Erneuerung wünschten) oder offen aufständische Querulanten (die »Bauern«). Sie wurden, je nach Schwere der Abweichung von der Linie des Führers, kaltgestellt, festgesetzt oder, wie die Kronstädter Matrosen, militärisch niedergeschlagen – stets aus fester innerer Überzeugung, die zudem den offenen Disput nicht scheute.

Es war den Zeitgenossen ein Rätsel, wie dieser Revolutionsführer, der mit politischer Administration alle Hände voll zu tun hatte, auch noch in der Lage sein konnte, unentwegt Texte zu schreiben und Vorträge zu konzipieren, in denen er die Abweichler auf dem neuesten Stand der Diskussion und mit großer Kenntnis der »Schriften« (der von Marx und Engels) höchstpersönlich zu widerlegen und ihre Marginalisierung oder Ausschaltung zu rechtfertigen trachtete – im Gegensatz zu seinem Erben Stalin, der mehr und mehr auf blanken theorielosen Terror verfiel. Woher nahm Lenin diese Selbstgewißheit, woher die Kraft zu seiner manischen Produktivität, zumal er ja keinen gnädigen Gott über sich wähnte? Nun, ganz ohne etwas über sich, ganz ohne das Hochgefühl, ein Abgesandter (griechisch: *apostolos*) der weltgeschichtlichen »dialektischen« Gesetzmäßigkeiten zu sein und ausersehen, sie von Rußland aus zu vollstrecken, hätte er die ungeheuer bewegten sieben Jahre der Revolutionsführung bis zu seinem Schlaganfall schwerlich durchgestanden. Nur ziemte es sich für Revolutionäre nicht, darüber zu sprechen. Erwähltheit war keine politische Kategorie; private Triebfedern politischen Handelns waren tabu; Psychoanalyse war verfemt.

Lenin saß direkt am Hebel der Macht, nicht nur indirekt und beratend wie Luther; er hat Untaten angeordnet, nicht nur zu ihnen angestiftet, hat mehr davon auf dem Kerbholz als der Reformator und war berechnender und kälter als er. Aber als manische, hoch gebildete, schriftgewandte Überzeugungstäter gehören beide zur gleichen Liga. Auch als Kultobjekt war Lenin keineswegs minder geeignet als Luther. Andächtig zogen die sowjetischen Massen am Jahrestag der Oktoberrevolution an den sterblichen Überresten des Führers im gläsernen Sarg vorbei. Nur ein Jubiläumsjahr für ihn mag heute niemand öffentlich vorschlagen. Während die Wirkungsstätten des Reformators den Titel »Lutherstadt« erhielten, ist aus Leningrad wieder St. Petersburg geworden, und die wenigen verbliebenen Anhänger Lenins dürfen froh sein, daß sein Hauptwerk *Der Imperialismus als höchstes Stadium des Kapitalismus*, das selten so aktuell war wie angesichts der gegenwärtigen globalen Flüchtlingsströme, im hundertsten Jahr nach seiner Erstpublikation immerhin wieder erscheinen konnte – in einer kritisch kommentierten Neuausgabe.[119]

Ein gründlicher psychologischer Vergleich zwischen Luther und Lenin dürfte mehr an Gemeinsamkeiten zum Vorschein bringen, als den Parteigängern auf beiden Seiten lieb sein kann. Dennoch bleiben deutliche Differenzen. Die signifikanteste ist vielleicht, daß sich durch den Machtmenschen Luther etwas Gegenläufiges zieht, was in der politökonomischen Welt Lenins gar keinen Ort hätte: eine Strähne der Demut. Gemeint sind damit nicht die zahllosen theologischen Floskeln, in denen der Reformator sein Werk nicht sich, sondern allein Gott oder Christus zuschreibt; denn da pflegt er bloß einen Demuts*gestus* mit auftrumpfendem Hintersinn: In mir handelt ein Höherer; ich bin der Erwählte. Wirklich demütig ist er hingegen dort, wo er

119 Wladimir Iljitsch Lenin, *Der Imperialismus als höchstes Stadium des Kapitalismus*. Kritische Neuausgabe mit Essays von Dietmar Dath und Christoph Türcke, herausgegeben von Wladislaw Hedeler und Volker Külow, Verlag 8. Mai, Berlin 2016

nicht als Erwählter daherkommt, sondern als geduldiger Dolmetscher arbeitet. Daß er auf der Wartburg in knapp drei Monaten das ganze Neue Testament übersetzte, und das, nachdem er drei Jahre zuvor überhaupt erst unter der Anleitung des 21jährigen Melanchthon richtig Griechisch gelernt hatte: das mag man noch aufs Konto des Glaubensrausches nach dem Wormser Höhepunkt rechnen. Aber das Neue Testament war nicht die ganze Bibel. Erst Neues und Altes Testament zusammen machten »die Schrift« aus, die von nun an allein gelten sollte. Sie sollte von ganz gewöhnlichen Leuten in ihrer eigenen Sprache gelesen werden können. Ja sie mußte von ihnen gelesen werden, und zwar ganz, wenn ihr Glaube sich wirklich auf »die Schrift« gründen sollte und nicht nur auf die paar Häppchen daraus, die Luther und die Seinen ihnen präsentierten.

Luthers Wartburg-Übersetzung war zwar ein großer Wurf, aber doch bloß eine revisionsbedürftige Rohübersetzung. Mehr »Schrift« lag nicht vor. Vorerst hing der Glaube des gemeinen Volkes am Tropf der Bibelkenntnis der evangelischen Prediger. Das angemessene Schriftfundament war erst noch nachzuliefern. Die fast zwei Jahrzehnte währende, immer wieder unterbrochene, immer wieder neu aufgenommene, von Melanchthon (teils gemeinsam mit Aurogallus, Cruciger und Jonas) revidierte, zäh bis zum Ende geführte Übersetzung des gesamten Alten und Neuen Testaments war in Luthers zweiter Lebenshälfte eine Art *Basso continuo*. Wie weit sie dem Glauben des Volkes tatsächlich das erwünschte Fundament unterlegte, steht dahin (zumal die deutsche Bibel zunächst für die wenigsten erschwinglich war). Aber der Übersetzer selbst gewann daran einen unschätzbaren seelischen Halt. Wenn der Teufel sein mentales Opiat war, so die Bibelübersetzung sein tägliches Brot. Ohne das Opiat konnte er das Glaubenshochgefühl nicht aufrecht erhalten, aber ohne das Brot konnte er das Opiat nicht vertragen. Wie er als Übersetzer sozusagen ums tägliche Brot rang; wie er sein Deutsch, das in seinen eigenen Schriften wie von selbst aus ihm hervorquoll, hier in den Dienst zweier Sprachen (Griechisch und Hebräisch) stellte, die er als die höheren, von Gott auf direktere Weise inspirierten erachtete; wie er gleichwohl von dieser Inspiration ein Maximum aufs Deutsche überzuleiten trachtete und wie er zwei Jahrzehnte in diesem Bemühen nicht nachließ: das kann man sich kaum vor Augen führen, ohne davon angerührt zu werden.

Hier hat das berühmte »dem Volk aufs Maul sehen«[120] seinen Ort. Damit war nicht gemeint, dem Volk nach dem Munde zu reden – das hat Luther wahrlich nie getan –, sondern die Redeweise des Volkes auf biblischem Niveau nachzubilden. Diese Art kreativer Kopie war für Luther Schwerstarbeit. Hier galt nicht »Wenn ich schreibe, fließt's mir zu«[121]. Es konnte vielmehr vorkommen, »daß wir vierzehn Tage, drei, vier Wochen ein einziges Wort gesucht und danach gefragt haben, habens (aber) dennoch zuweilen nicht gefunden. Beim Buch Hiob mühten wir uns [...] so, daß wir in vier Tagen zuweilen kaum drei Zeilen fertig bringen konnten.«[122] Beim Übersetzen legte Luther seine eigene Sprachgewalt an die Kandare der griechischen und hebräischen Vorgabe, bändigte seine ausufernde Redseligkeit und Ausfälligkeit, schliff seine Grobheiten, schärfte seinen Sinn für Feinheiten und wog jedes Wort ab. Wie bei Dichtern die lyrischen Worte oft erst am Gängelwagen eines festen Versmaßes wunschgemäß laufen, so brauchte Luther den Widerstand des biblischen Originaltexts, um sich an ihm zur ganzen Höhe seines deutschen Sprachvermögens emporzuarbeiten.

Das hat der Luther-Kritiker Nietzsche zutiefst bewundert. »Das Meisterstück der deutschen Prosa ist [...] das Meisterstück ihres grössten Predigers: die *Bibel* war bisher das beste deutsche Buch. Gegen Luther's Bibel gehalten ist fast alles Übrige nur

120 Wörtlich: »man muß die Mutter im Hause, die Kinder auf der Gasse, den Mann auf dem Markt darum fragen, und denselbigen auf das Maul sehen, wie sie reden, und danach übersetzen« (Martin Luther, *Ein Sendbrief vom Dolmetschen*, in: *Luther Deutsch*, Band 5, l. c., S. 73).

121 Heinz Schilling, l. c., S. 531

122 Martin Luther, *Ein Sendbrief vom Dolmetschen*, l. c., S. 72

›Litteratur‹«.[123] Dies umwerfende Lob – vielleicht das größte, das Luther als Übersetzer je zuteil geworden ist – enthält freilich zugleich eine deutliche Ansage an die Leser: Vergreift euch nicht an dieser Bibel. Begreift sie, zumal sie als Glaubensgrundlage nicht taugt, um so mehr als ästhetische Grundlage eurer Kultur. Genießt ihre Sprache, laßt eure eigene von ihr beflügeln und prüfen, aber laßt ihren Text unangetastet. Keine Meisterprosa verträgt, daß man an ihr herumkorrigiert. Das aber ist genau das Dilemma der Bibelrevisionen. Dreimal ist die Luther-Bibel im 20. Jahrhundert revidiert worden: 1912, 1975 und 1984. Die Revisoren hatten zwar recht, wenn sie befürchteten, der originale Luther-Text werde ohne Angleichung an die Schreibweise und das Vokabular der neueren Zeit seine Zugänglichkeit verlieren. Doch was er *durch* diese Angleichung verlieren würde, unterschätzten sie. Eigentlich wollten sie immer nur »dem Volk«, das inzwischen anders sprach als zur Lutherzeit, »aufs Maul sehen«. Faktisch gaben sie bloß dem allgemeinen Modernisierungssog nach, der wie in alle Lebensbereiche auch in die Sprechweise einen rasant beschleunigten Wandel gebracht hatte.

Das Volk, mit dem Luther Umgang hatte, unterlag diesem Modernisierungssog noch nicht. Seine Sprache war ein bodenständiges Widerlager zur Priester- und Gelehrtensprache. In dem Maße jedoch, wie dieses Volk in der modernen Massengesellschaft aufgegangen ist, läuft das Vorhaben, dem Volk aufs Maul zu sehen, zunehmend darauf hinaus, dem Zeitgeist nach dem Munde zu reden. Das tat die Revision von 1975 so unverblümt (Walter Jens nannte ihre Sprache »die deutsche Mittelstandsdiktion«, die »Koine der Frankfurter Allgemeinen Zeitung«), daß sich heftiger Unmut in den Kirchengemeinden verbreitete. Wo war der ihnen vertraute Luther-Sound geblieben? Hastig wurde eine Revision der Revision anberaumt. Letztere, von 1984, gilt seither als vertretbarer Standard und sollte zum großen Jubeljahr

123 Friedrich Nietzsche, *Jenseits von Gut und Böse*, Kritische Studienausgabe, l.c., Band 5, S. 191

nur einer kosmetischen »Durchsicht« unterzogen werden. Und dabei merkte die Überarbeitungskommission: Der originale Luther-Text ist gewöhnlich nicht nur viel plastischer als der revidierte; er ist oft auch treffender. Unversehens wurde aus der Durchsicht eine tiefgreifende Re-Revision mit der Devise: Zurück zu Luther so weit wie irgend möglich. Ob heute noch jemand so spricht wie er, war plötzlich nicht mehr die Frage. Daß niemand mehr so spricht wie Goethe, ist ja auch kein Einwand gegen dessen Originaltexte. Man begann für Nietzsches Meisterprosa-Standards empfänglich zu werden und das Bibeldeutsch als Widerlager zu begreifen – nicht mehr zur Priester- und Gelehrtensprache wie in der Reformationszeit, sondern zum sprachlichen Mainstream unter allgemein erhöhten Beschleunigungskonditionen, die es immer schwerer machen, sich in eine Sprache so weit zu vertiefen, daß man wirklich ein Gefühl für sie bekommt. Twittern geht zwar nicht ohne Sprache, aber auch nicht, ohne sie auf High-Tech-Niveau zu verflachen.

Freilich gibt es für die Nähe zu Luther, die die neue Revision seiner Bibel erstrebt, keinen objektiven Gradmesser. Die Nähe ist immer auch die gefühlte der Revisoren. Deshalb gab es unter ihnen, wann immer sie ein Lutherwort durch ein angemesseneres zu ersetzen trachteten, laufend Differenzen darüber, welches Wort denn Luther am nächsten sei. Zur Not wurde abgestimmt. Unter dem Vorsatz, so wenig wie möglich von Luther abzuweichen, wurde unendlich viel an seinem Text herumgefingert. Dennoch bewegt sich das Resultat, das nie mehr werden konnte als ein Kompromiß, in eine interessante Richtung. Ob die Luther-Bibel von 2016 etwas von dem theologischen Boden zurückgewinnen wird, den ihre Vorgänger verloren haben – und das war ja die kirchliche Absicht hinter dem ganzen Aufwand –, ist zwar zweifelhaft. Aber daß sie ein Zeichen der Rückbesinnung auf die eigene sprachliche Herkunft setzt und so gewissermaßen zu den Bremsbewegungen gegen jene weltweite Deregulierung gehört, die auch vor den gewachsenen Volkssprachen nicht freiwillig Halt macht: das kann man ihr nicht absprechen. So hat selbst das Jubiläumsjahr sein Gutes. Als Ahnherr der Moderne ist Luther zwar ein Popanz. Als Ahnherr der deutschen Schriftsprache beginnt er in unerwarteter Weise einen Hoffnungsschimmer auszustrahlen.

Dank

an Ludwig Klöpfer für seine Anstiftung zu diesem Steckbrief.

Christoph Türcke, Jahrgang 1948, ist emeritierter Professor für Philosophie an der Hochschule für Grafik und Buchkunst in Leipzig, Autor zahlreicher Bücher (u.a. »Philosophie des Traums« [2008] und »Mehr! Philosophie des Geldes« [2015]) und erster Preisträger des Sigmund-Freud-Kulturpreises (2009). Bei zu Klampen erschien von ihm zuletzt »Jesu Traum. Psychoanalyse des Neuen Testaments« (2009).

Christoph Türcke bei zu Klampen

Der tolle Mensch
Nietzsche und der Wahnsinn der Vernunft
Paperback, 176 Seiten
ISBN 978-3-86674-413-4

Sexus und Geist
Philosophie im Geschlechterkampf
Paperback, 249 Seiten
ISBN 978-3-86674-411-0

Gewalt und Tabu
Philosophische Grenzgänge
Paperback, 143 Seiten
ISBN 978-3-86674-414-1

Kassensturz
Zur Lage der Theologie
3. Auflage, Paperback, 142 Seiten
ISBN 978-3-86674-153-9

Jesu Traum
Psychoanalyse des Neuen Testaments
4. Auflage, Hardcover, 158 Seiten
ISBN 978-3-86674-061-7

Heimat
Eine Rehabilitierung
Hardcover, 80 Seiten
ISBN 978-3-934920-86-6

Fundamentalismus – maskierter Nihilismus
Paperback, 156 Seiten
ISBN 978-3-934920-31-6

Religionswende
Eine Dogmatik in Bruchstücken
Hardcover mit Schutzumschlag, 113 Seiten
ISBN 978-3-924245-51-1

Vermittlung als Gott
Kritik des Didaktik-Kults
2. Auflage, Paperback, 136 Seiten
ISBN 978-3-924245-05-4

Die neue Geschäftigkeit
Zum Ethik- und Geistesbetrieb
2. Auflage, Paperback, 127 Seiten
ISBN 978-3-924245-14-6

Zum ideologiekritischen Potential der Theologie
Konsequenzen einer materialistischen Paulus-Interpretation
3. Auflage, Paperback, 133 Seiten
ISBN 978-3-924245-12-2